유전공학의 상상은 현실이 된다

Good morning Good night

'굿모닝 굿나잇'은 21세기 지식의 새로운 표준을 제시합니다.
이 시리즈는 (재)3·1문화재단과 김영사가 함께 발간합니다.

유전공학의 상상은 현실이 된다

1판 1쇄 발행 2024. 3. 28.
1판 2쇄 발행 2024. 4. 26.

지은이 예병일

발행인 박강휘
편집 임여진 | 디자인 정윤수 | 마케팅 백선미 | 홍보 이한솔, 강원모
본문 일러스트 최혜진
발행처 김영사
등록 1979년 5월 17일(제406-2003-036호)
주소 경기도 파주시 문발로 197(문발동) 우편번호 10881
전화 마케팅부 031)955-3100, 편집부 031)955-3200 | 팩스 031)955-3111

ISBN 978-89-349-5774-4 04300
    978-89-349-8910-3 (세트)

홈페이지 www.gimmyoung.com   블로그 blog.naver.com/gybook
인스타그램 instagram.com/gimmyoung   이메일 bestbook@gimmyoung.com

좋은 독자가 좋은 책을 만듭니다.
김영사는 독자 여러분의 의견에 항상 귀 기울이고 있습니다.

이 책의 본문은 환경부 인증을 받은 재생지 그린LIGHT에 콩기름 잉크를 사용하여 제작되었습니다.

유전공학의
사상은
현실이 된다

Genetic
Engineering

예병일 지음

유토피아와 디스토피아 사이,
유전공학의 발전과 논쟁

김영사

3장 유전공학, 어떤 논쟁이 있을까?

"돼지만 한 쥐를 만드는 방법을 공부하기 때문입니다."

필자의 친구가 우리나라 역사상 처음 문을 연 유전공학과에 지원했을 때 왜 이 과에 지원했느냐고 묻는 면접관의 질문에 한 대답이다. 그때만 해도 그 말의 의미를 몰랐지만, 의과대학을 졸업하고 대학원에서 유전공학이라는 학문을 선택할 때는 충분히 이해할 수 있었다.

필자가 대학원에서 유전공학을 공부하기 시작한 이래 벌써 강산이 3번 변하고도 남을 시간이 지났다. 환자를 보는 의사가 되는 대신 기초의학 연구를 하기로 선택한 이유는 유전공학이 앞으로의 발전 가능성이 큰 학문이라 생각했기 때문이다. 대학원 시절 내내 새로운 공부를 할 수 있어서 즐

거웠다. 연구 과정에서 어려움이 닥칠 때마다 그것을 해결해줄 수 있는 새로운 기술이 발견됐기 때문이다.

예를 들어 중합효소연쇄반응PCR이 발견됨으로써 아주 적은 양의 시료만으로도 문제없이 연구를 진행할 수 있게 됐다. 그전에는 시료에서 RNA를 분리할 때 중간에 한 과정이라도 잘못되면 RNA가 부족해 실험을 진행할 수 없었다. 그동안 쏟아부은 노력이 무위로 돌아갔다는 생각에 실망한 상태로 같은 실험을 처음부터 반복하는 일이 잦았지만 PCR은 그런 어려움을 완전히 사라지게 해주었다.

실제 재료비에 비해 비싼 효소 가격이 마음에 들지 않았을 때 학계 선배 한 분의 노력으로 가격이 크게 떨어진 적도 있었다. 국제적으로 통용되는 효소와 경쟁할 만한 효소가 우리나라에서 발견되어 그분이 특허를 출원했기 때문이었다. 그 효소를 판매하던 회사는 지금 아주 큰 회사로 발전했다. 유전공학의 발전은 경제에도 큰 영향을 미칠 수 있다.

또 예전에는 DNA 조각 2개를 서로 결합하기 위해 이용되는 DNA연결효소DNA ligase가 이를 판매하는 회사의 설명보다 효율이 훨씬 낮았다. 그러던 중 이 효소 대신 사용할 수 있는 효소가 발견됐다. 생체 내 DNA 복제 과정을 공부한 사람이라면 누구나 알고 있는 DNA국소이성질화효소topoisomerase를 사용하면서 연구 진행은 이전과 비교할 수 없을 정도로 쉬워졌다.

새로운 발견이 연구를 용이하게 해주면서 유전공학은 점점 더 빠르게 발전하고 있다. 지금까지의 의학은 '이 약을 사용하면 A라는 병에 걸린 환자 중 70%를 2주일 내에 치료할 수 있다'와 같이 통계에 기반을 둔 의학이었다. 하지만 앞으로는 '이 약을 사용하면 70%의 환자가 치료될 수 있는데, 그들의 유전적 특징은 이러이러하니 같은 유전적 특징이 있는 환자들에게는 이 약을 사용하고, 그렇지 않은 환자들에게는 그들의 유전체에 적합한 다른 약을 사용하자'라는 식으로 맞춤 의학이 가능한 시대가 찾아올 것이다.

유전공학은 지난 수십 년간 많은 일을 가능하게 해주었지만 앞으로 해결해야 할 문제가 많다는 사실도 알려주었다. 이 책을 통해 유전공학의 발전 과정을 돌이켜 보면서 앞으로 이 학문이 우리에게 어떤 도움을 줄 수 있는지, 내가 할 수 있는 일은 무엇인지 생각해보고 정보와 지식을 얻는 과정에 동참하기를 기대한다.

유전공학은
어떻게 발전해왔을까?

1
유전공학의 시작

사람을 포함한 생명체에서 한 세대가 다음 세대에 자신의 형질(형태와 성질)을 물려주는 과정을 유전이라 한다. 유전학은 유전을 연구하는 학문이며, 생물학 또는 생명과학 분야에 속한다.

유전학과 유전'공학'의 차이는 무엇일까?

유전학과 유전공학은 유전 현상과 관련된 내용을 다룬다는 공통점이 있다. 하지만 '공工' 자가 들어가는 경우 일반적으로 '대량생산'이라는 개념이 더해진다. 즉 유전공학은 유전자재조합 등의 방법으로 유전 현상에 영향을 주어 새로운 개체나 물질을 대량으로 생산하는 기술을 다루는 학문이다. 예를 들어 당뇨병 치료에 사용할 수 있는 인슐린을 얻을 때 개, 돼지 같은 동물을 키워 그 동물의 몸에서 생산되는 인슐린을 분리해 사용하는 대신 사람의 인슐린 유전자를 대장균에 집어넣고, 대장균이 인슐린을 대량생산하게 하는 것이다.

유전학이라는 명칭에서는 유전 자체에 대한 학문적 호기심이 강하게 느껴지는 반면, 유전공학은 유전이라는 현상을 이용해 인류에게 도움을 줄 수 있는 물질을 얻거나, 유전자에 의해 합성되는 단백질을 이용해 인간의 생명현상을 개선함으로써 인류의 건강과 복지를 증진할 방법을 찾는 학문이라는 의미를 지니고 있다. 역사적으로 유전학이 먼저 발전하다가 20세기 후반부터 그 발전이 가속하면서 학자들이 학문적 호기심에서 벗어나 유전 현상을 응용해 인류에게 도움이 되는 방법을 개발하기 시작했고, 그 결과 유전공학의 개념과 용어가 보편화됐다.

국내에서 유전공학과가 처음 개설된 것은 1983년 고려대학교에서다. 그 후로 동일하거나 비슷한 이름의 학과가 전국 많은 대학교에 개설됐으며, 현재는 생화학과, 생명과학과, 유전공학과, 분자생명과학부 등 여러 명칭이 붙은 과에서 유전공학을 공부, 연구하고 있다.

유전의 발견

유럽의 전래 동화 중에는 강아지를 낳은 왕비 이야기가 있는데 오늘날 이를 그대로 믿는 사람은 없을 것이다. 사람과 개는 유전자가 다르기에 사람이 강아지를 낳는 것은 원천적으로 불가능함을 알기 때문이다.

이전에도 부모의 형질이 자식에게 전해진다는 유전의 개념을 어렴풋이 아는 이들이 있기는 했다. 그러나 왜, 어떻게 그런 현상이 일어나는지 과학적으로 설명할 수는 없었다.

유전의 개념을 학문적으로 정립한 사람은 19세기 후반 오스트리아(오늘날 체코 브르노)의 신부이던 그레고어 멘델Gregor Mendel이다. 멘델은 정원에 완두콩 씨앗을 심은 후 교잡 실험을 했다. 이 과정에서 유전 현상의 본질을 이해할 수 있도록 해주는 중요한 3가지 법칙을 발견했다. 이 법칙이 유전학 발전의 시금석이 되었으므로 멘델은 '유전학의 아버지'라는 별명으로 불린다.

완두콩은 종류가 많고, 교잡 실험을 하기 쉽다. 멘델은 키가 큰 완두콩과 키가 작은 완두콩을 분리하고 자기들끼리 교잡한 다음 키워보았다. 이를 반복하면서 키가 큰 것끼리 교배했지만 작게 자란 완두콩과 키가 작은 것끼리 교배했지만 크게 자란 완두콩을 모두 버렸더니 여러 세대 후에는 키가 크게 자라는 종자(TT)와 키가 작게 자라는 종자(tt)를 구분할 수 있었다. 그런데 이렇게 얻은 2가지 종자를 교배하자 키가 중간인 완두콩이 아니라 키가 큰 완두콩만 나왔다.

교잡으로 얻은 완두콩(Tt)은 앞 세대에서 유전형질을 반씩 물려받으므로 유전적으로 키가 작게 자라는 형질을 반지니고 있다. 그러나 결과적으로는 키가 작은 형질이 나타나지 않는다. 키가 크게 자라는 형질이 키가 작게 자라는 형질보다 우세하기 때문이다(키 큰 유전형질을 지니고 태어났지만 영양을 전혀 공급받지 못해 작게 크는 등 극단적인 경우는 예외다). 즉 유전형질에는 잡종에서 우세하게 나타나는 우성형질과 나타나지 않는 열성형질이 있다. 멘델은 이를 '우열의 법칙'이라 했다.

2번째 법칙은 '분리의 법칙'이다. 잡종 1세대(Tt)끼리 교배하면 키가 크게 자라는 완두콩 사이에서 키가 작게 자라는 완두콩이 다시 분리되어 나타난다. 잡종 1세대끼리 교배한다는 것은 Tt와 Tt의 형질을 지닌 종자를 서로 교배한다는 뜻이다. 이들의 자손은 부모로부터 유전형질을 반씩 물려받으므로 조합에 의해 TT, Tt, Tt(tT), tt가 출현한다. TT와 Tt

는 키가 크게 자라는 형질을 지니고, tt는 키가 작게 자라는 형질만 지니므로 키가 큰 것과 키가 작은 것이 3:1의 비로 나타난다.

멘델은 10여 년간 실험을 진행하면서 모두 22종의 완두콩을 이용했다. 그리하여 우열의 법칙과 분리의 법칙이 큰 키와 작은 키라는 특성에만 적용되는 것이 아니라 둥근 모양과 주름진 모양, 녹색과 노란색 등의 특성에도 적용된다는 사실을 발견했다. 키, 모양, 색깔 등 서로 다른 형질이 독립적으로 우열의 법칙과 분리의 법칙을 나타내는 것이 멘델이 발견한 마지막 법칙인 '독립의 법칙'이다.

멘델은 완두콩에서 7가지 대립되는 형질을 발견했다. 1865년의 학술 대회에서 자신이 발견한 내용을 처음 발표했으며, 그 후에도 연구를 계속했다. 그러나 1868년에 대수도원장으로 직책이 높아지면서 다른 일이 많아져 연구는 더 이상 진행하지 못했다.

멘델이 연구를 중지한 후 그의 발견은 학계에 알려지지 않고 묻혔다. 지금처럼 매스컴이 발달하거나 중요한 논문이 영어로 쓰이던 시절도 아니었기 때문이다. 독일어로 쓰인 멘델의 논문에 관심을 기울이는 이는 거의 없었다.

1859년에 찰스 다윈Charles Darwin은 《종의 기원》을 통해 생명체의 형질이 유전을 통해 후대에 전해지면서 종의 다양성이 발생한다고 주장했다. 그의 뒤를 이어 프랜시스 골턴Francis Galton이 1869년에 《유전적 재능Hereditary Genius》을 발표하면서 쌍둥이를 대상으로 진행한 유전과 환경 관련 연구 결과를 제시했다. 그러나 이들은 서로의 업적이 상호 보완하는 내용이라는 사실도 모르고 있었다.

멘델의 유전법칙도 30여 년 만에 3명의 학자를 통해 재발견됐다. 휘호 더프리스Hugo De Vries, 카를 코렌스Carl Correns, 에리히 체르마크Erich Tschermak가 1900년에 각자 독립적으로 유전에 일정한 법칙이 있다는 사실을 알아냈다. 이 법칙이 멘델의 유전법칙과 같았으므로 '재발견'이라는 평가를 받았다.

그렇다면 부모로부터 자식에게 옮겨 가는, 유전을 담당하는 물질은 무엇일까?

핵에서 발견된 미지의 물질

스위스의 생리학자 프리드리히 미셰르Friedrich Miescher는 1869년 세포의 핵에서 알려지지 않은 물질을 발견했다. 세포 속 물질의 성질을 연구하던 도중 버려진 붕대에 있던 세포의 핵에서 미지의 물질을 얻은 것이다. 이 물질이 다른 종류의 세포에도 존재한다는 사실을 알게 된 그는 이 물질에 핵nucleus에서 분리했다는 뜻으로 뉴클레인nuclein이라는 이름을 붙였다. 뉴클레인은 훗날 산성을 띠고 있음이 알려지면서 핵 속의 산성 물질이라는 뜻의 핵산nucleic acid으로 불렸다.

리투아니아 출신으로 미국에서 활약한 화학자 피버스 레빈Phoebus Levene은 1920년대에 핵산이 5가지의 화학물질로 구성되어 있음을 알아냈다. 핵산을 이루는 5가지 분자는 탄소 5개를 지닌 탄수화물을 함유하며, 이 탄수화물에는 2가지 종류가 있었다. 그는 2번째 탄소에 산소가 붙어 있지 않은 탄수화물deoxyribose을 함유한 핵산을 데옥시리보핵산deoxyribonucleic acid, 2번째 탄소에 산소가 붙어 있는 탄수화물ribose을 함유한 핵산을 리보핵산ribonucleic acid으로 구별했다. 각각 DNA와 RNA다.

1882년에 독일의 생물학자 발터 플레밍Walther Fleming은 분열하는 세포를 염색하면 평소에는 보이지 않던 실타래 모양의 덩어리가 염색되는 것을 발견하고 이 덩어리를 염색체라 명명했다. 그가 사용한 염색제는 오스뮴산을 함유한 세포 고정액이었고, 이후 다른 연구자들이 더 나은 고정액을 개발해 세포를 관찰했다. 예를 들어 1914년에 독일의 로베르트 포일겐Robert Feulgen은 특수한 염색 방법을 개발했는데, 훗날 그의 이름을 딴 이 염색약이 DNA만 특이하게 염색한다는 사실이 알려졌다. 이 염색약으로 DNA가 뭉쳐서 이루어진 염색체를 손쉽게 확인할 수 있다.

염색체는 단백질이 핵산을 둘러싸고 있는 구조다. 평소에 세포 내 핵은 핵막으로 둘러싸여 있다. 그러다 하나의 세포가 분열해 둘로 늘어나는 과정에서 세포의 핵이 사라지고 중앙이 점점 좁아져 결국 2개의 세포가 된다. 그 후 핵막이 다시 보이기 시작한다.

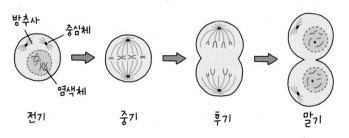

세포분열 과정.

세포가 분열되기 직전에 보이는 X자 모양의 덩어리에 염색체라는 이름이 붙었지만, 이 염색체가 2개의 세포에 반씩 나뉘면서 원래 세포가 지닌 형질을 새로운 세포에 전해준다는 사실은 1920년대까지 알려지지 않았다.

단백질을 만드는 유전자

1930년대에 미국의 유전학자 조지 비들George Beadle과 에드워드 테이텀Edward Tatam은 노랑초파리의 눈이 어떻게 발생하는지 연구하고 있었다. 이들은 트립토판 카이누레닌tryptophan kynurenine이라는 아미노산 대사조절 물질이 노랑초파리의 눈 색깔을 결정하는 데 중요한 역할을 한다는 것을 알아냈다. 이를 계기로 각 단백질의 기능이 어떤 기전으로 이루어지는지에 대한 연구에 점점 깊이 빠져들었다.

지금도 마찬가지지만 사람이나 덩치가 있는 동물을 이용해 연구를 진행하기는 어려우므로 당시 과학자들은 유전학을 연구하기 위해 초파리나 미생물을 이용하곤 했다. 비들과 테이텀은 붉은빵곰팡이Neurospora crassa를 이용해 유전적 변이가 필수영양소에 대한 생물의 반응을 어떻게 변화시키는지 알아보는 연구를 진행했다.

연구 결과 빵곰팡이를 X선에 노출해 유전자에 돌연변이를 일으키자 빵곰팡이가 잘 자라지 못했다. 성장에 필요한 효소에 변이가 생겨 제 역할을 하지 못했기 때문이었다. 이러한 연구 결과를 토대로 비들과 테이텀은 한 유전자에서 한 효소가 합성된다는 '1유전자-1효소설'을 정립했다. 이 발견은 둘에게 1958년 노벨 생리·의학상을 안겨주었다.

이 주장은 1950년대 말에 '(유전자 역할을 하는) DNA로부터 mRNA(전령RNA)가 만들어지고, mRNA로부터 단백질이 합성된다'는 분자생물학의 가장 중요한 원리central dogma로 확장됐다. 그런데 20세기 후반에 분자생물학이 크게 발전하고 새로운 내용이 많이 알려지면서 '한 단백질을 합성할 수 있는 정보를 지닌 DNA 조각'이라는 유전자의 정의가 달라지는 바람에 1유전자-1효소설은 틀린 이론이 됐으며, 대신 한 단백질은 한 유전자로부터 합성되지만 한 유전자는 여러 단백질을 합성할 수 있는 정보를 지닌다는 이론이 옳은 것이 됐다.

2
생명체의 유전을
담당하는 DNA

유전은 부모의 형질이 자식에게 전달되는 현상이다. 그렇다면 물리적으로는 도대체 무엇이 전달되는지 좀 더 자세히 알아보자.

앞에서 소개한 비들과 테이텀의 연구에서 생명체의 생존에 필요한 기능을 하는 것은 효소였고, 효소는 단백질의 한 종류다. 흔히 사람의 몸에 필요한 3대 영양소는 탄수화물, 지질, 단백질이라 하는데, 탄수화물과 지질은 에너지를 생산하는 데 주로 이용되고, 단백질은 사람을 사람답게 하는 생명체로서의 고유 기능에 주로 관여한다.

단백질은 다양한 기능을 하는 기능단백질과 구조를 이루는 구조단백질로 나눌 수 있다. 단백질은 사람 몸의 구조를 이루고 몸이 기능하는 데 활용되며, 어느 한 단백질에만 변이가 생겨도 생명체로서 제대로 기능하지 못할 가능성이 있으니 인체에서 가장 중요한 구성 물질이라 할 수 있다.

이런 사실은 20세기 중반이 되면서 서서히 알려졌다.

'사람 몸에서 가장 중요한 성분이 단백질이니 부모는 자식에게 단백질을 전해줄 거야.'

이것이 당시의 보편적인 생각이었고, 이를 증명하기 위해 여러 학자가 연구를 진행했다.

세균의 성질이 바뀔 수 있다고?

1928년에 영국의 미생물학자 프레더릭 그리피스Frederick Griffith는 쥐에게 폐렴을 일으키는 세균을 감염시키는 실험을 하던 중 흥미로운 현상을 발견했다. 그가 사용한 폐렴구균Streptococcus pneumoniae에는 독성이 강한 것과 약한 것이 있었다. 독성이 강한 것은 사람과 생쥐에게 때로는 목숨을 위험에 빠뜨릴 정도로 심한 폐렴을 일으키지만 독성이 약한 것은 미미한 증상만 일으켰다.

그리피스는 독성이 강한 균은 현미경으로 관찰하면 표면이 매끈하므로smooth S형이라 하고, 독성이 약한 균은 표면

이 꺼칠꺼칠하므로rough R형이라 했다. 이 세균은 온도가 높으면 잘 죽었기에 그리피스는 S형 균을 가열한 다음 다른 세균과 혼합해 쥐에 주입했을 때 어떤 일이 발생하는지 관찰했다. 실험 결과는 다음과 같다.

제1군: S형 균만 주입-생쥐 사망
제2군: R형 균만 주입-생쥐 생존
제3군: 가열해 사멸시킨 S형 균만 주입-생쥐 생존
제4군: 가열해 사멸시킨 S형 균과 살아 있는 R형 균을 함
께 주입-생쥐 사망

그리피스의 흥미를 끈 결과는 제4군이었다. S형 폐렴구균은 독성이 강하지만 사멸시켰으니 기능하지 못할 것이고, 여기에 독성이 약한 R형 폐렴구균을 함께 주입했으니 생쥐에게 아무 영향이 없어야 할 텐데, 생쥐가 죽어버린 것이다. 두 세균을 한꺼번에 주입하면 생쥐가 죽는 현상을 설명할 수 없었던 그리피스는 죽은 S형 폐렴구균과 살아 있는 R형 폐렴구균을 함께 넣으면 폐렴구균의 유전형질이 바뀐다고 가정하고 이를 형질전환transformation이라 했다.

이 실험으로 학자들은 유전형질이 생물체 내에서 전달되어 생물체의 특성을 바꿀 수 있음을 알게 됐지만 어떤 물질이 유전을 담당하는지는 알 수 없었다. 여러 학자가 유전을 담당하는 물질은 예상대로 단백질일지, 아니면 다른 물질일지 그 의문의 답을 찾기 위해 노력을 기울였다.

유전을 담당하는 물질이 DNA임을 증명한 2가지 실험

그리피스의 연구 결과를 전해 들은 미국의 세균학자 오즈월드 에이버리Oswald Avery는 1944년에 형질전환을 일으키는 물질을 찾기 위해 연구하기 시작했다. 그리피스가 형질전환 실험을 한 후 16년이 지나는 동안 핵산을 비롯해 여러 물질을 순수하게 분리하는 방법이 크게 발전했으므로 가설을 검증할 수 있었다.

에이버리의 연구팀은 우선 폐렴구균에서 DNA의 존재를 확인했다. 그리고 폐렴구균을 단백질을 소화할 수 있는 여러 효소 또는 DNA나 RNA를 파괴하는 효소로 처리했다. 다른 효소로 처리했더니 여전히 형질전환이 일어났다. 그렇지만 DNA를 파괴할 수 있는 효소로 처리했더니 형질전환이 일어나지 않았다.

DNA가 형질전환을 일으킨다는 훌륭한 연구 결과를 얻었지만 에이버리는 효소에 의해 완전히 파괴되지 않은 단백질이나 생체 내에 아주 미량 존재하는 미지의 물질 등 다른 물질이 형질전환을 일으킬 가능성도 배제하지 않았다. 또 학자 중에는 '생명현상은 복잡하고 오묘한 일인데 DNA처럼 단순한 물질이 유전을 담당한다는 것은 이치에 맞지 않는다' 같은 의견을 지닌 이들도 있었다.

당시에는 단백질이 유전을 담당하는 물질이라는 이론이 대세였으므로 에이버리의 실험 하나로 DNA가 유전을 담당하는 물질이라고 확신하기는 어려웠다. 그러나 8년이 지난 후 DNA가 유전을 담당하는 물질이라는 확실한 증거가 제시됐다.

1952년에 미국의 분자생물학자 앨프리드 허시Alfred Hershey와 마사 체이스Martha Chase는 함께 세균에 기생할 수 있는 바이러스인 박테리오파지bacteriophage를 이용해 유전을 담당하는 물질을 증명하는 실험을 했다. 박테리오파지는 다른 바이러스와 마찬가지로 단백질로 구성된 껍질(캡시드capsid)을 갖췄고 캡시드 내부에 DNA를 지니고 있었다.

허시와 체이스는 박테리오파지의 단백질과 DNA에 각각

박테리오파지의 구조.

방사성동위원소 표지를 달았다. 이 동위원소는 필름에 인화하는 방법으로 관찰할 수 있었다. 그런 다음 박테리오파지를 세균 표면에 부착했다. 그러자 단백질로 구성된 캡시드는 세균 안으로 들어가지 않고, 바이러스의 DNA만 세균 안으로 들어가는 것을 관찰할 수 있었다.

세균 안으로 들어간 DNA는 캡시드가 없음에도 세균 내에서 완전한 모양의 바이러스를 만들었고, 이 바이러스는 세균 밖으로 탈출했다. 즉 바이러스가 DNA만으로 다음 세대를 만들어낸 것이다. 이로써 DNA가 유전을 담당하는 물질임이 증명됐다. 허시는 이 공로로 1969년 노벨 생리·의학상을 수상했지만 그보다 먼저 눈에 띄는 업적을 남긴 에이

버리는 일찍 세상을 떠나는 바람에 노벨상 수상자가 되지
못했다.

DNA가 이중나선 구조임을 밝힌 왓슨과 크릭

DNA가 유전을 담당하는 물질이라는 사실이 밝혀진 후 많
은 학자가 그 구조를 알아내기 위한 연구를 진행했다. 그중
1915년 25세의 나이로 노벨 물리학상을 수상함으로써 최연
소 노벨 과학상 수상자로 남은 윌리엄 브래그William Bragg가
있었다. 그는 1938년에 케임브리지대학교 캐번디시연구소
의 소장으로 임명된 뒤 젊은 생명과학 연구자를 불러 모았
다. 그로부터 10여 년이 지나자 캐번디시연구소의 연구자들
은 생명과학 분야의 '드림팀'이라 할 수 있을 정도로 활발하
게 활동했다.

브래그의 제안을 받아서 캐번디시연구소에 온 제임스 왓
슨James Watson은 DNA에 관심이 많은 물리학자 프랜시스
크릭Francis Crick과 함께 DNA 구조를 밝히려 했다. 왓슨은
학술 대회에서 생물물리학자 모리스 윌킨스Maurice Wilkins가
발표한 DNA X선 회절回折 사진에 관심을 가지고 있었다.
1951년 11월에 캐번디시연구소를 방문한 윌킨스와 활발한

토론을 벌인 왓슨과 크릭은 계속 DNA 구조 연구에 관심을 두었다.

1952년이 시작될 무렵, 윌킨스는 몰래 손에 넣은 동료 연구자 로절린드 프랭클린Rosalind Franklin의 X선 회절 사진을 왓슨에게 보여주었다. 왓슨과 크릭은 이 사진을 보고 DNA가 나선 구조임을 확신하고 DNA 분자모형을 만들었다. 샤가프의 규칙(유기체의 DNA에서 퓨린-아데닌과 구아닌-과 피리미딘-티민과 시토신-의 비율은 1:1이다)을 토대로 아데닌과 티민, 구아닌과 시토신 염기가 수소결합으로 연결된 모형을 고안한 결과 탄수화물과 인이 바깥쪽에 위치하고 염기가 안쪽에 위치한 DNA 이중나선 모형을 완성했다. 윌킨스는 왓슨과 크릭이 만든 모형이 아주 마음에 들었고, 이 모형과 X선 회절 사진을 비교하며 구조를 유추했다.

1953년 4월 25일 자 〈네이처Nature〉지에는 왓슨과 크릭이 쓴 1쪽짜리 짧은 논문이 게재됐다. 이 논문에는 DNA의 X선 회절 사진과 이중나선 모형이 실려 있었다. 그로부터 9년이 지난 1962년에 왓슨, 크릭, 윌킨스는 노벨 생리·의학상 수상자로 결정됐다. 윌킨스가 훔쳐서 보여준 프랭클린의 X선 회절 사진이 왓슨과 크릭에게 좋은 아이디어를 제공했

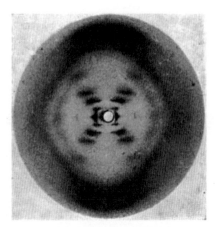

로절린드 프랭클린의 X선 회절 사진.

으므로 프랭클린이 윌킨스에게 노벨상을 빼앗겼다는 주장
도 있지만 프랭클린이 1958년 사망했고, 노벨상은 사망자
에게 수여하지 않는다는 점을 감안하면 근거가 부족한 주
장이다.

DNA 연구에 힘을 보탠 학자들

DNA가 이중나선 구조를 띤다는 것을 밝힌 논문이 20세기
생명과학계의 최고 업적이라는 주장이 있을 정도로 DNA
구조가 밝혀진 이후 생명과학은 획기적으로 발전했다. 이런
일이 일어날 것을 예측한 많은 학자가 DNA 구조를 알아

내기 위한 연구에 일찍이 참여했고, 프랭클린 외에도 많은 이들의 발견이 있었기에 왓슨과 크릭이 업적을 세울 수 있었다.

1938년에 영국의 생물물리학자 윌리엄 애스트버리William Astbury는 X선 회절법을 이용해 DNA 사슬이 일정한 규칙을 따르는 구조임을 발견했다. 그는 생물학을 이해하기 위해서는 DNA와 같은 작은 물질을 연구해야 한다는 뜻으로 분자생물학molecular biology이라는 용어를 처음 제안했다.

영국의 유기화학자 알렉산더 토드Alexander Todd는 핵산의 기본 단위인 뉴클레오티드nucleotide의 구조를 연구했고, 몇 가지 뉴클레오티드를 합성하기도 했다. 또 핵산이 인, 탄수화물, 아데닌, 시토신, 구아닌, 티민, 우라실 등의 염기로 구성된 뉴클레오티드이고, DNA는 각각의 뉴클레오티드가 인산다이에스터phosphodiester 결합으로 연결되어 있음을 밝혔다. 그는 1957년 노벨 화학상 수상자로 선정됐다.

생화학자 어윈 샤가프Erwin Chargaff는 핵산의 본질을 밝히기 위해 DNA와 RNA 조성이 종과 조직에 따라 차이가 있는지 알아보는 연구를 진행하고 다음과 같은 사실을 알아냈다.

1. DNA 염기 조성은 종에 따라 다르다.

2. 같은 종에서는 조직이 다르더라도 DNA의 조성은 같다.

3. 종에서 DNA의 염기 조성은 나이, 영양 상태, 환경 변화에 따라 달라지지 않는다.

4. 실험적으로 분석한 거의 모든 DNA에서 아데닌의 수와 티민의 수는 항상 같고, 구아닌과 시토신의 수도 항상 같다. 결과적으로 퓨린(아데닌과 구아닌)의 합은 피리미딘(티민과 시토신)의 합과 같다(샤가프의 규칙).

5. 어떤 종과 가까운 종에서 추출된 DNA는 비슷한 염기 조성을 지니는 반면, 멀리 떨어진 종은 상당히 다른 염기 조성을 지닌다. 따라서 DNA의 염기 조성 결과는 생물체를 분류하는 데 이용할 수 있다.

유전자, DNA, 염색체, 유전체 용어 정리

매스컴에서 자주 접해서 알 듯하면서도 잘 모르겠는 용어로 유전자, DNA, 염색체, 유전체가 있다. 한꺼번에 설명하자면 다음과 같다.

우리 몸에서 기능이나 구조를 이루는 데 사용되는 단백질은 하나하나가 '특정한 DNA의 덩어리'가 지닌 유전정보를 이용해 생성되며, 특정 단백질 하나를 합성할 수 있는 능력을 지닌 DNA 덩어리를 유전자라고 했다. 그러나 지금은 유전자 하나가 단백질 여러 개를 합성할 수 있음이 알려져 있다. 예를 들어, 유전자가 단백질합성 과정에서 쪼개져 각 조각이 서로 다른 단백질을 합성하는 것이다. 인간 유전체 해독이 끝난 지금 사람의 유전체에는 약 2만 1,500개 정도의 유전자가 들어 있는 것으로 밝혀졌다.

유전자가 만들어낼 수 있는 단백질이 모두 몇 개인지는 아무도 모른다. 단지 10만 개가 넘을 것이라는 추측만 가능할 뿐이다.

유전자의 기본단위인 DNA는 인과 당(탄수화물), 염기가 서로 연결된 모양을 띠며 염기에는 아데닌(A), 구아닌(G), 시토신(C), 티민(T) 4가지가 있다. 따라서 염기의 종류에 따라 DNA를 분류하면 4가지가 있고, 이것이 길게 연결된 것이 DNA 사슬(뉴클레오티드 사슬)이다.

DNA가 중요한 이유는 DNA가 우리 몸에서 특별한 기능을 하기 때문이 아니라 DNA에 인간에게 꼭 필요한 여러 기능을 하는 단백질을 만드는 데 필요한 정보가 들어 있기 때문이다. 즉 사람의 몸에서 기능하는 단위는 대부분 단백질로 이루어져 있는데, 이 단백질은 각 세포핵 속 유전자의 정보를 이용해 만들어지므로 유전자의 기본단위라 할 수 있는 DNA가 중요한 것이다.

한 사람의 세포핵에는 모두 같은 DNA가 들어 있다. 세포는 때가 되면 분열해 2개의 세포로 나뉘며, 분열되는 시기에는 핵이 보이지 않고 대신 세포 중앙 부분에 실타래 모양을 한 DNA 덩어리가 나타난다. 이것이 염색체다. 사람이 지닌 염색체는 23쌍이며, 1번~22번 쌍은 남성의 것과 여성의 것이 다르지 않지만 23번 쌍의 경우 남성은 X염색체와

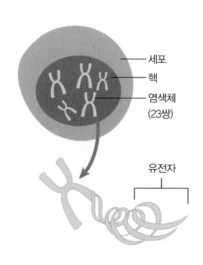

핵 안의 염색체와 염색체를 이루는 유전자.

Y염색체, 여성은 X염색체 2개가 쌍을 이룬다(성염색체).

이 염색체 23쌍에 들어 있는 DNA에 1번부터 번호를 붙여가면 약 30억 번까지 붙일 수 있다. 이렇게 한 개체의 DNA 총합을 유전체, 게놈genome이라고 한다. 유전체라는 단어는 유전자gene의 앞부분과 염색체chromosome의 뒷부분을 조합해 만든 것이다. 사람의 유전체 크기는 약 30억 염기쌍이라고 할 수 있다. 유전체가 큰 생물일수록 고도로 진화하는 경향이 있기는 하지만 반드시 그런 것은 아니다.

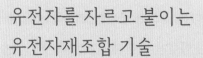

3

유전자를 자르고 붙이는
유전자재조합 기술

유전자는 생명현상을 조절하는 단백질을 생명체 내에서 합성할 수 있는 정보를 지닌 DNA 조각을 가리킨다. 생명체를 생명체답게 하는 데 유전자의 역할이 중요하므로 '유전자조작'이라는 용어를 들으면 인간이 침범하면 안 될 부분까지 접근하는 것으로 여기는 사람도 있다.

유전자조작에는 다양한 방법이 있으며(강한 햇빛 아래 침구를 널어놓으면 자외선이 침구에 붙어 있는 미생물의 유전자를 파괴하는데, 이것도 유전자조작이다), 유전자재조합은 유전자조작의 가장 대표적인 방법이라 할 수 있다.

유전자재조합이란 두 유전자의 특정 부분을 이어 붙여 새로운 유전자를 합성하는 과정을 가리킨다. 유전자를 자르는 행위는 단백질합성을 위한 정보를 잘라내는 것과 마찬가지다. 이때 그 유전자에 다른 유전자 부위를 연결하면 합성되는 단백질이 달라진다. 이렇게 유전자를 자르고 다른 것을 붙여 새로운 단백질을 합성할 수 있는 정보를 지닌 유전자를 형성하는 과정을 유전자재조합이라 한다.

유전자재조합이라는 용어에 거부감이 없는 사람들이 유전자조작이라는 용어에는 거부감을 가지는 경우가 있다. 그 이유는 지금까지 대중매체를 통해 전달된 유전자조작에 대한 정보가 유전자재조합에 대한 정보보다 부정적인 경우가 많았기 때문인 듯하다.

유전자재조합을 가능하게 한 효소의 발견

오늘날 유전자재조합 기술은 유전자변형식품 genetically modified organism · GMO, 보통의 동식물보다 훨씬 큰 새로운 동식물을 탄생시키는 데까지 발전했다. 돼지에서 인슐린을 얻는 대신 인간 유전자를 조작해 세균에서 인간의 인슐린이나 성장호르몬을 얻을 수 있게 됐고, 동식물의 품종을 개량하기 위해 도처에서 유전자 조작이 이루어지고 있다.

유전자재조합 기술은 과학계에 대단한 변화를 가져왔고,

앞으로도 예상 가능한 변화와 예상할 수 없는 변화를 가져올 것으로 생각된다. 그런데 유전자재조합 기술 자체는 실행에 어려움이 별로 없는 간단한 기술이다. 유전자를 재조합하려면 유전자의 특정 부위를 자르는 방법과 잘린 유전자를 이어 붙이는 방법을 개발해야 하는데 그 2가지를 담당하는 효소가 이미 발견됐기 때문이다.

DNA를 붙이는 데 사용되는 DNA연결효소는 1966년에 발견됐다. 이 효소는 DNA 두 가닥의 끝부분 모양이 상보적으로 노출되어 있기만 하면 두 DNA를 결합할 수 있다(두 가닥 DNA상의 염기배열이 서로 염기쌍을 형성할 수 있는 배열일 때, 한쪽 DNA에 대해 다른 쪽 DNA를 상보적이라 한다). DNA 끝부분 염기서열이 상보적이 되도록 자를 수만 있다면 서로 근원이 다른 DNA를 붙여 새로운 DNA를 만들 수 있는 것이다.

한편 유전자를 조작하려면 DNA 중간을 잘라서 붙여야 한다. 이런 기능을 하는 효소를 제한효소라 하며, 자르는 방법에 따라 제I형, 제II형, 제III형으로 나뉜다.

제한효소는 어떻게 발견됐을까? 생물학자 베르너 아르버Werner Arber는 대장균 내에서 증식하는 박테리오파지의 DNA가 특정 효소로 변형되어 그 성장에 제한을 받는 경우에는 박테리오파지가 잘 증식하지 못한다는 사실을 발견했다. 그는 이처럼 DNA의 성장을 제한하는 효소를 분리해 제한효소(현재의 제I형)라 명명했다. 하지만 제I형 제한효소는 DNA의 특정 부위를 절단하지는 못하므로 실험실에서 이용하기에는 어려움이 있었다.

1956년 존스홉킨스 의과대학을 졸업하고 해군 군의관 생활을 하던 해밀턴 스미스Hamilton Smith는 유전학 논문을 접하며 유전학에 흥미를 느꼈다. 미생물학자였던 그는 1970년 인플루엔자균의 DNA 대사를 연구하던 중 균 추출액에서 인플루엔자균 자신의 DNA에는 작용하지 않으나 다른 DNA에 작용해 특정 부위를 절단하는 효소를 발견하고 이를 순수 분리하는 데 성공했다. 그 효소의 기능을 조사한 결과 대칭적 서열을 지닌 특정 DNA 부분을 절단하는 성질이 있어, 이를 이용해 긴 DNA 분자의 특정 부위를 예측해 절단하는 것이 가능했다.

스미스의 연구 결과를 전해 들은 미생물학자 대니얼 네이선스Daniel Nathans는 스미스가 분리한 제한효소로 자신이 연구하던 SV40 바이러스(사람과 영장류를 숙주로 하는 종양바이러스로 생명과학 연구에 널리 이용된다)의 DNA를 절단해보고 해당 바이러스의 유전자에서 제한효소로 절단할 수 있는 부위를 표시한 지도를 제작했다. 이후 여러 연구자가 다양한 세균에 존재하는 제II형 제한효소를 속속 분리해 현재까지 1,000개 이상의 제II형 제한효소가 밝혀졌다.

제한효소로 잘라놓은 DNA를 기존에 발견한 DNA 연결효소로 연결하면 유전자재조합이 가능하다. 제II형 제한효소의 발견은 엄청난 파급효과를 발휘했고, 덕분에 아르버, 스미스, 네이선스는 1978년 노벨 생리·의학상을 수상했다.

현실이 된 유전자재조합 기술

폴 버그Paul Berg는 1960년대에 포유동물 세포에 새로운 유전자를 주입하는 수단으로 SV40 바이러스를 이용하는 방법을 연구했다. 그는 숙주세포가 종양 세포로 전환되려면 SV40 바이러스의 유전정보가 숙주세포의 유전정보에 영향을 주어야 할 것이라고 생각했다. 버그는 자신의 가설을 증명하기 위해 바이러스 배양, 세포배양, 동물실험 등 다양한 실험을 진행했다.

많은 노력을 기울인 결과 그는 서로 다른 기원을 지닌 DNA를 결합할 수 있는 일반적인 방법을 개발하는 데 성공했다. 대장균에서 젖당galactose 대사와 관련된 3가지 유전자를 SV40 바이러스의 유전체에 삽입해 숙주세포로 들어가게 한 것이다. 이것이 바로 인류 최초로 개발된 재조합DNA 제조 기술이다. 이 방법은 여러 사람을 통해 반복 수행되었고, 기술이 진보하면서 포유동물 유전자의 구조와 기능을 분석하는 중요한 수단으로 이용됐다. 버그는 이 업적을 인정받아 1980년 노벨 화학상 수상자로 선정됐다.

유전자재조합에 대한 버그의 연구에 흥미를 느낀 생화학자 스탠리 코언Stanley Cohen과 허버트 보이어Herbert Boyer는 1972년 하와이에서 열린 학술대회에서 만나 서로 이야기를 나누었다. 코언은 염색체 밖에 존재하는 DNA인 플라스미드plasmid를 연구하고 있었고, 보이어는 제한효소들 중 하나인 이코알원EcoRI을 연구하고 있었다.

이들은 아프리카발톱개구리 *Xenopus laevis*에서 리보소체 RNA rRNA에 대한 정보를 지닌 유전자를 분리하고 유전자와 pSC101 플라스미드(스탠리 코언이 101번째로 분리한 플라스미드에 붙인 이름이다)를 EcoRI 효소로 절단한 다음 DNA결합 효소를 이용해 둘을 이어 붙였다. 그리고 이를 대장균에 삽입하는 데 성공했으며, 이 방법에 대한 특허를 출원했다.

이는 유전공학에서 가장 기본이 되는 기술이자 특허이며, 1973년을 유전공학의 원년으로 일컫는 계기가 됐다.

유전자재조합 기술이 일군 제약 산업

20대의 로버트 스완슨Robert Swanson은 코언과 보이어가 유전자재조합에 성공했다는 소식을 들었을 때 벤처 투자 회사에서 일하다 잠시 쉬는 중이었다. 우연히 유전자재조합 기술이 장차 의학과 생명과학 연구에 널리 이용될 것이라는 이야기를 들은 스완슨은 코언과 보이어에게 회사를 세우자고 제안했고, 보이어가 적극적으로 반응하자 투자 유치에 나섰다. 그리하여 유전자gene와and 기술technology을 합친 제넨테크Genentech라는 이름의 회사가 창립됐다. 제넨테크는 유전자를 다루는 기술을 이용해 의약품을 만드는 회사였다. 이들이 처음으로 생산하고자 한 약은 인슐린이었다.

1921년에 캐나다의 생화학자 프레더릭 밴팅Frederick Banting이 발견한 혈당조절 물질 인슐린은 20세기 후반 당뇨병 환자가 증가하면서 수요가 크게 늘고 있었다. 밴팅은 개의 췌장(이자)의 베타 세포에서 분비되는 인슐린을 분리했으며, 이후 돼지 등 다른 동물에서도 인슐린을 분리해냈다.

1978년에 일라이 릴리Eli Lilly 제약 회사가 인슐린을 얻는 데 필요한 동물 수는 1년에 5,000만 마리가 넘었다. 게다가 동물에게서 인슐린을 얻으려면 비용과 시간이 많이 소요되고, 바이러스같이 동물에 존재하는 병원체가 사람에게 옮겨 갈 가능성이 있었다. 따라서 인슐린을 생산하는 새로운 방법이 필요했다.

그런데 코언과 보이어가 제한효소를 이용해 서로 기원이 다른 유전자를 이어 붙임으로써 유전자를 조작할 수 있는 길을 닦아놓았음에도 오늘날 그의 방법을 따르는 분자생물학자는 거의 없다. 이렇게 얻은 재조합 DNA는 숙주세포(일반적으로 대장균을 이용한다)에서 복제되는 양이 아주 적고, 연구자가 이 DNA에 들어 있는 유전자에서 단백질을 원하는 만큼 충분히 발현시킬 수 없었기 때문이다. 이러한 문제를 해결한 사람이 아서 리그스Arthur Riggs와 일본계 미국인 케이이치 이타쿠라Keiichi Itakura다.

리그스와 이타쿠라는 1977년에 호르몬의 일종인 소마토스타틴somatostatin 유전자를 성공적으로 합성했다. 뇌하수체에서 생산되는 소마토스타틴은 의학적으로 성장호르몬, 인슐린, 글루카곤의 분비를 억제하는 데 이용할 수 있다.

두 사람은 먼저 소마토스타틴 단백질에 대한 유전정보를 지닌 인간의 DNA를 플라스미드에 삽입해 재조합 DNA를 얻은 후 이를 대장균에 주입했다. 그리고 대장균 내에 존재하는 단백질 발현 시스템을 이용해 소마토스타틴을 합성해 냈다. 이로써 소마토스타틴 생산에 걸리는 시간을 대폭 줄일 수 있었다. 이 과정에서 리그스와 이타쿠라는 자신들이 얻은 재조합DNA가 잘 발현될 수 있도록 플라스미드에 넣은 재조합DNA 앞에 유전자발현을 유도 또는 억제할 수 있는 유전자를 함께 삽입해 큰 효과를 보았다.

제넨테크는 이들과 계약을 맺었고, 이들은 소마토스타틴 생산 기술을 응용해 훨씬 더 큰 인슐린을 생산할 수 있는 유전자를 합성했다. 그리고 1978년 4월 18일에 제넨테크는 인간의 유전자를 주입한 대장균을 이용해 인간 인슐린을 인공적으로 합성하는 데 성공했다. 이로써 인슐린 생산비와 병원체의 오염 가능성이 크게 줄어들었다.

미국 식품의약국FDA의 승인을 받아 1982년에 시판된 당뇨병 치료제 휴물린Humulin(인간human+인슐린insulin)은 최초로 생산된 유전공학 약품이다. 제넨테크는 이후 성장호르몬제를 비롯해 수많은 유전자재조합 약을 생산했다.

그런데 생명과학 연구의 오묘한 점은 아무리 그 연구가 이론적으로 타당하다 해도 실제로 시험해보기 전까지는 정확한 연구 결과를 알 수 없다는 것이다. 한 무리의 사람들이 똑같은 병에 걸려 똑같은 약을 처방받았을 때 금방 낫는 사람이 있는 반면, 낫지 않는 사람도 있다. 마찬가지로 유전자를 재조합해 변형된 유전자를 얻은 다음 대장균에 집어넣으면 어떤 유전자는 쉽게 단백질을 생산하지만 어떤 유전자는 그러지 못한다. 따라서 학자들은 더 많은 단백질을 쉽게 얻기 위해 계속 연구하고 있다.

오늘날 분자생물학 연구를 하는 곳이라면 어느 곳에서나 쉽게 행할 수 있는 유전자재조합 기술을 생물체 내에서 처음 실행한 사람은 버그이고, 이를 대장균의 형질전환에 이용함으로써 실험실에서 아주 간단하게 실행할 수 있는 기술임을 보여준 사람은 코언과 보이어이며, DNA의 발현을 조절 가능하게 함으로써 유전자재조합 기술을 실용화하는 데 도움을 준 사람은 리그스와 이타쿠라다. 물론 이 외에도 유전자재조합 기술 발전에 공헌한 이들은 헤아릴 수 없이 많으며, 현재도 이 기술은 세계 각지에서 발전하고 있다.

4
DNA 염기서열에서
생명체의 정보를 읽다

생명체가 고유의 기능을 수행하는 데는 단백질이 가장 중요하지만, 한 세대에서 다음 세대로 전달되는 유전정보는 DNA에 담겨 있다는 사실이 알려지자 DNA가 유전정보를 어떻게 전달하는지가 새로운 의문으로 떠올랐다.

1955년에 DNA로부터 DNA를 합성하는 효소와 DNA로부터 RNA를 합성하는 효소가 발견되면서 핵에 있는 DNA는 세포가 분열할 때 복제되어 반으로 나뉜다는 사실이 알려졌다. 또 핵 속 DNA로부터 합성된 RNA가 핵공(핵막의 구멍)을 통해 핵 밖으로 나간 후 세포질에 있는 리보소체(리보솜)로 이동해 단백질을 합성하는 데 필요한 정보를 전달한다는 사실도 알려졌다.

DNA로부터 정보를 전달받아 리보소체까지 오는 RNA는 전령RNA messenger RNA · mRNA, 리보소체에서 mRNA의 정보를 받아서 주변의 아미노산을 집어 오는 역할을 하는 RNA는 전달RNA transfer RNA · tRNA라 한다.

tRNA가 집어오는 아미노산은 mRNA의 정보에 따라 달라지고, mRNA의 염기서열은 DNA에 따라 결정되므로 이 과정을 살펴보면 특정 아미노산을 집어 오는 DNA 염기의 서열을 예측할 수 있다. 이를 유전암호genetic code라 한다.

1961년을 전후해 여러 학자가 유전암호 해독에 뛰어들었다. DNA의 염기서열만 알면 아미노산 순서를 알 수 있다. 그리고 아미노산 순서를 알면 이 아미노산이 이루는 단백질의 구조를 대략 예측할 수 있고, 그 기능도 일부 알 수 있다. 결국 유전과 생명 현상을 더 쉽게 파악할 수 있는 것이다. 그러니 DNA 염기서열을 알아내는 일에 많은 학자가 관심을 가진 것은 당연한 일이었다.

결과적으로 1980년 노벨 화학상은 앞서 소개한 폴 버그와 함께 DNA 염기서열을 알아내는 방법을 개발한 생화학자 월터 길버트Walter Gilbert와 프레더릭 생어Frederick Sanger에게 돌아갔다. 길버트가 먼저 방법을 알아냈지만 뒤늦게 알아낸 생어의 방법이 훨씬 깔끔했으므로 널리 이용되었다.

생어에게 첫 노벨 화학상을 안겨준 아미노산서열결정법

1918년에 영국에서 태어난 생어는 케임브리지대학교에서
화학을 전공했다. 대학 졸업 후 대학원에서 생화학을 전공
할 당시 케임브리지대학교에는 성장을 촉진하는 비타민을
발견한 공로로 1929년 노벨 생리·의학상 수상자로 선정된
프레더릭 홉킨스Frederick Hopkins의 연구실이 있었다.

홉킨스의 영향력이 컸던 케임브리지대학교에서는 비타
민, 아민, 아미노산 등에 대한 연구가 활발하게 이뤄졌다.
1943년에 박사학위를 취득한 생어는 그때부터 효소 연구에
흥미를 가졌다. 같은 해에 홉킨스의 뒤를 이어 화학자 앨버
트 칩널Albert Chibnall이 연구책임자로 취임했다. 칩널은 당
시 가장 많은 연구가 진행된 단백질이라 할 수 있는 인슐린
을 예로 들어 생화학의 전망에 대해 이야기했다.

인슐린이 다른 단백질보다 많이 연구된 것은 분자량이 작
아 다루기 쉽고, 의학에서 아주 중요한 물질이었기 때문이
다. 20세기 중반 이후 고혈압, 고지혈증, 비만, 대사증후군,
당뇨병 등 소위 '생활습관병'이 증가하면서 당뇨병 치료제

로 사용되는 인슐린의 수요가 점점 늘고 있었다. 그러다 보니 인슐린에 대한 연구도 활발하게 진행되는 상황이었다.

단백질과 그 재료인 아미노산에 관심을 가진 생어는 1944년부터 인슐린을 구성하는 아미노산 서열을 알아내기 위해 연구를 시작했다. 그가 고안한 방법은 굉장히 많은 시간과 노력이 필요했기에 생어가 인슐린의 아미노산 서열을 완성한 것은 1954년이 되어서였다. 그가 51개 아미노산으로 구성된, 분자량 약 6,000인 인슐린의 구성을 알아낸 후 단백질의 아미노산 서열 분석이 활발하게 이루어졌다. 이 공로로 생어는 1958년 노벨 화학상 수상자로 선정됐다.

2번째 노벨 화학상을 안겨준 DNA염기서열결정법

1962년에 케임브리지대학교에 분자생물학 연구소가 문을 열자 생어가 단백질 화학부Protein Chemistry division의 장을 맡게 됐다. 케임브리지의 여러 부서에서 일하던 훌륭한 과학자들이 연구소로 모여들었다. 내성적인 성격으로 사회성이 부족한 생어였지만 한 연구소 내에서 훌륭한 학자들과 자주 교류하게 되자 학문적 자극도 많이 받고 연구 영역도 점점 넓어져갔다.

생어의 아미노산서열결정법 개발은 우연히 생긴 일이었다. 생화학에 관심을 가지다 보니 아미노산 연구를 하게 됐고, 그러다 보니 마침 부서장이 바뀌면서 자신과 연구소의 연구 주제가 맞아떨어졌으며, 아미노산 서열을 알아내야겠다고 연구를 시작하고 나니 정말로 할 수 있을 것 같은 느낌이 들어 10년간 열심히 진행한 것이 노벨상 수상으로 이어진 것이다.

첫 노벨상 수상 후 생어는 관심 연구 주제를 핵산으로 바꾸었다. 핵산은 새로운 분자지만 그 중요성이 점점 대두되고 있었다. 기초의학 연구에서는 구조를 알아낸 후에는 기능에 대한 연구를 하는 것이 일반적이지만 생어는 단백질보다는 핵산을 소재로 연구를 하면 곧 최고의 학자들과 어깨를 나란히 할 수 있을 것이라 생각했다.

생어의 다음 목표는 RNA 염기서열의 결정이었다. 그러나 생어가 대장균의 5S rRNA 염기서열을 결정해 발표하기 2년 전인 1965년 미국의 로버트 홀리Robert Holley(1968년 노벨 생리·의학상 수상자)가 알라닌 아미노산의 tRNA 염기서열을 먼저 결정하는 바람에 2등에 머물고 말았다.

생어는 다시 1973년부터 DNA 염기서열 결정법을 알아내기 위한 연구를 시작했다. 당시에 연구자들이 아미노산과 RNA 염기서열을 알아내고자 할 때는 큰 분자를 작게 절단해놓고, 각각의 서열을 결정해 한데 모으는 방식을 사용했다. 그러나 DNA의 경우 그것을 적당히 작은 크기로 절단할 수 있는 효소가 존재하지 않는 것이 문제였다.

문제를 해결하려는 이들에게 연구 과정에서 마주치는 어려움은 연구에 대한 도전 의욕을 불러일으킬 뿐이다. 조용한 성격으로 문제 해결에 골똘히 집중하는 습관이 있던 생어는 DNA의 재료인 dNTP deoxyribonucleotide triphosphates(4가지 염기가 인과 탄수화물에 붙어 있는 화학물질)에 산소 원자가 하나 더 적은 dideoxy ddNTP dideoxyribonucleotide triphosphates를 넣어주면 DNA 합성이 중단된다는 점을 떠올렸다. 그는 dNTP와 ddNTP 모두 염기별로 종류가 나뉘기에 종류를 바꿔가며 합성이 중단된 DNA를 역으로 분석하는 방법으로 염기서열을 결정할 수 있을 것이라고 생각했다.

생어는 착상을 떠올린 지 4년 만에 DNA 염기서열결정법을 고안하는 데 성공했고 이 방법으로 φX174라는 작은 바이러스가 지닌 5,375개의 DNA 염기서열을 결정했다. 비록 길버트의 방법보다 늦게 완성됐지만 실제로 원하는 결과를 얻기까지 걸리는 시간이 짧고, 노력이 덜 들었으므로 이때 부터 DNA 염기서열을 알아내고자 하는 학자들은 모두 생어의 방법을 이용했다.

1990년대에 개발된, 자동으로 DNA 염기서열을 결정하는 방법이나 그 후에 개발된 차세대 DNA염기서열결정법도 기본원리는 여전히 생어의 방법에 토대를 두고 있다.

내성적인 연구자 생어

많은 사람이 중간관리자 이상의 지위에 오르면 몸보다는 머리와 말로 일하곤 하지만, 생어는 그러지 않았다. 그는 1983년에 은퇴할 때까지 직접 연구했다.

그가 활동하던 시기에 케임브리지대학교에는 많은 학자가 자유롭게 하고 싶은 연구를 진행하는 분위기가 형성되어 있었다. 생어는 목소리가 아주 작았고, 말투에 호소력이 약해 연설을 잘하지도 못했다. 남을 가르치는 것도 싫어했고, 오로지 혼자 생각하고 일하기를 즐겼다. 그러니 타 대학과 달리 교육에 쏠 시간을 연구에 쏟을 수 있었던 것은 적어도 생어에게는 좋은 일이었다. 그는 연구와 실험에 대한 자신의 잠재력을 최대한 발휘할 수 있었다.

또 생어는 학부 수업은 거의 맡지 않고 교수 생활을 할 수 있었는데 이것은 케임브리지대학교에서도 아주 예외적인 일로 그의 연구에 도움이 되었다.

그는 연구하기를 즐기고, 과학 자체에 흥미를 가지고 있었다. 스스로 매우 수줍음을 타는 편이며 많은 동료와 함께 일하는 것을 좋아하지 않는다고 말했다. 그 때문에 평생 그를 도와준 연구원도 많지 않았다. 그는 연구비를 많이 받을 생각도 없었고, 훌륭한 조수를 고용해 마음대로 부리는 것도 좋아하지 않았다. 그가 고민한 것은 많은 돈을 들이지 않고 사회에 공헌할 만한 일을 찾는 방법이었다.

생어는 자신의 공적은 사람들이 유전자에 대해 더 많이 이해할 수 있게 한 것일 뿐이라고 말했다. 남들이 그더러 생명과학 분야에 한 획을 긋는 업적을 남겼다고 하면 손사래를 쳤다. 그렇지만 1988년에 왓슨이 인간 유전체를 해독하겠다고 앞장선 것은 생어가 DNA염기서열결정법을 고안했기 때문임이 분명하다.

생어는 2번째 노벨상 수상 후 은퇴하기까지 3년을 보내는 동안에도 연구를 진행해 DNA 유전암호가 중첩되어 있다는 사실을 밝혔고, 미토콘드리아DNA의 유전암호는 그

때까지 알려진 것과 다른 유전암호를 사용한다는 사실도 알아냈다. 연구가 좋아서 은퇴를 미뤘지만 막상 은퇴한 후에는 연구와 실험 외에도 재미있는 일이 있다는 것을 깨닫게 됐다면서 정원을 돌보는 등의 일을 하면서 만족했다. 그의 말년은 평화 그 자체였다.

참고로 생어 외에 두 차례 노벨상을 수상한 이들로 마리 퀴리 Marie Curie(1903년 물리학상, 1911년 화학상), 라이너스 폴링 Linus Pauling(1954년 화학상, 1962년 평화상), 존 바딘 John Bardeen(1956년과 1972년 물리학상), 배리 샤플리스 Barry Sharpless (2001년과 2022년 화학상) 등이 있다.

생어에 관련해 아쉬운 점은 그가 RNA 염기서열결정법에 대한 노벨상을 받지 못했다는 점이다. 홀리가 고안한 RNA 결정법은 2년 늦게 고안된 생어의 방법보다 많은 노력이 필요했으므로 생어의 결정법에 밀려 사용되지 못했고, 결국 후대 학자들에게 큰 도움을 주지 못했다. 홀리의 노벨상 수상 업적이 RNA 염기서열결정법 발견이 아니었긴 하지만 아직까지 노벨상 3회 수상자가 없고, 필자가 생어의 업적을 워낙 많이 이용하고, 그 업적에 감탄하다 보니 아쉬움을 감추기는 어렵다.

5
질병진단에서 과학수사까지, 만능 기술 PCR

2019년 마지막 날, 중국 정부는 우한 지방에 새로운 감염병이 유행하고 있음을 세계에 알렸다. 코로나바이러스감염증-19(코로나19)라 이름 붙인 이 감염병으로 인해 그로부터 약 3년간 전 세계인이 여행과 모임을 극도로 자제하는 등 그전까지 경험하지 못한 상황이 연출됐다.

초기에는 이 새로운 감염병에 대한 정보와 지식이 아주 제한적이었으므로 감염 여부를 진단하기도 어려웠다. 우리나라에서는 2020년 1월 20일에 첫 환자가 발생했고, 환자와 밀접 접촉한 이들로부터 시료를 채취해 질병관리청으로 보내면 시료를 한데 모아 검사한 후 결과를 한꺼번에 발표하기 시작했다. 그 후로 환자가 꾸준히 발생하면서 진단법을 습득한 의료 인력이 전국 각지에서 코로나19를 진단하면서 수많은 시료 검사를 감당할 수 있게 됐다.

코로나19를 진단하기 위해 사용한 방법은 중합효소연쇄반응polymerase chain reaction·PCR이다. 1993년에 처음 나온 영화 〈쥬라기 공원〉에서 공룡을 만드는 방법을 설명하기 위해 호박에서 분리한 DNA를 증폭해 공룡을 부활시키는 PCR 기술을 소개한 바 있다.

현재 감염병 진단은 물론 과학수사, 신원확인 등 생명과학과 의학 분야에서 다양한 용도로 사용되는 PCR은 1985년 생화학자 캐리 멀리스Kary Mullis에 의해 개발됐다. 그는 이 공로를 인정받아 1993년 노벨 화학상 수상자로 선정됐다.

PCR이 널리 이용되는 이유

아주 출중한 능력을 지닌 외계인 집단이 있다고 가정해보자. 그중 A가 오래전부터 자신의 이상형을 친구 B에게 이야기하곤 했다. 그 말을 들은 B는 우주에 그런 생명체는 없을 거라며 핀잔을 주었다. B의 예상대로 A는 결혼적령기를 넘길 때까지 이상형을 찾지 못했다.

그런데 어느 날 B가 우연히 지구를 방문했다가 인간이라고 하는 지구의 생명체 중 A의 이상형과 똑같은 존재를 발견했다. 반가운 마음에 B는 우주여행을 해 A에게 달려갔다.

"지구에 너의 이상형이 살고 있어!"

빨리 결혼하고 싶었던 A는 곧장 지구로 달려왔다. 그러나 자신의 이상형을 찾을 수 없었다. B에게 어디서 자신의 이상형을 봤는지 물었지만 "우주선에서 내려다본 후 바로 달려오는 바람에 위치가 잘 기억나지 않는다"는 대답이 돌아왔다.

어떻게 할까 고민하던 A는 자신의 우수한 능력을 발휘해 지구인을 위협했다. "지구인은 ○년 ○월 ○시까지 사하라 사막에 모두 모여라. 그 시간 이후에 움직이는 사람이 발견되면 모두 레이저를 쏴 저세상으로 보내버리겠다."

단번에 지구의 통신망을 장악한, 엄청난 과학기술을 자랑하는 A의 위협에 지구인은 비행기와 배, 기차, 승용차, 오토바이 등 각종 운송 수단을 이용해 정해진 시간에 사막에 모두 모였다. 60억 명 정도 되는 사람이 모이자 A는 또 고민에 빠졌다. 도대체 이상형이 어디에 있는지 찾을 수 없었기 때문이다. A는 자신의 이상형을 찾을 수 있을까?

1초에 1명씩 확인하면서 60억 명 중 1명을 골라낼 때, 운이 좋으면 눈앞에 보이는 몇 명 중 이상형이 눈에 띌 수도 있지만 운이 나쁘면 약 200년이 걸린다. 평균 100년이다. 이 사례를 사람의 DNA에 빗대보자. 이상형은 누군가가 원하는 DNA 부위 또는 유전자가 된다.

사람의 유전체는 23쌍의 염색체에 들어 있는 약 30억 쌍의 DNA로 이루어져 있다. 예를 들어 큰창자에서 용종이 발견된 경우 암 발병을 억제하는 p53 유전자에 변이가 있는지 확인하려면 그 용종의 조직을 떼어내 조직에서 DNA를 분리한 뒤 그중에서도 p53 유전자를 분석해야 한다. 그런데 사람의 세포에 들어 있는 DNA 중 단백질을 합성할 수 있는 정보를 지닌 DNA는 1~3%뿐이고, p53 유전자는 사람이 지닌 2만여 개의 유전자 중 하나일 뿐이다. 따라서 아무리 많은 DNA를 분리한다 해도 그 안에 포함된 p53 유전자는 아주 적다. 사하라사막에 모인 전체 지구인 중에서 1명을 골라내는 것보다는 확률이 약간 더 높겠지만 말이다.

인체 조직 1g에서 DNA를 분리하면 약 1mg을 얻을 수 있고, 이 1mg의 DNA 덩어리(유전체) 내에는 약 30억 쌍의 DNA 염기서열(뉴클레오티드)이 존재한다. 어떤 학자가 관심을 가진 유전자의 크기가 3,000개라면 분리한 1mg의 DNA 속에 들어 있는, 원하는 DNA의 양은 100만 분의 1밖에 안 되는 것이다. 이렇게 양이 적으면 원하는 분위를 순수 분리 하기도 어렵고, 검체(시료)도 아주 많이 필요하다.

PCR은 약 30억 쌍에 이르는 큰 유전체 중 원하는 부분만 골라 아주 많은 수로 증폭하는 방법이다. PCR 자체로는 수 만 늘려놓을 뿐이지만 이렇게 늘어난 부분은 다양한 용도 의 검사에 사용될 수 있다.

PCR의 원리

1955년에 미국의 생화학자 아서 콘버그Arthur Kornberg는 DNA가 복제되는 과정에 필요한 중합효소를 발견했다. 그 는 대장균에서 DNA중합효소DNA polymerase I를 발견했을 뿐 아니라 이 효소로부터 DNA가 복제되는 과정도 알아냈 다. 그는 이 공로를 인정받아 1959년 노벨 생리·의학상 수 상자로 선정됐다.

세포가 분열할 때 염색체의 수가 2배로 늘어난다는 것은 염색체를 구성하면서 유전을 담당하는 DNA가 2배로 늘어 난다는 뜻이다. 아기가 어른으로 자라날 때는 물론 어른이

된 후에도 새로운 세포는 수시로 생겨나고, 이때마다 세포가 둘로 나뉘기 전 DNA가 복제된다. DNA 복제 시 새로운 DNA를 만들기 위한 재료로 중합효소와 dNTP, 그리고 합성반응이 시작되는 위치를 결정할 시발체primer 한 쌍이 필요하다.

20세기 후반에 접어들면서 핵산에 대한 연구가 발전에 발전을 거듭했지만 아무리 많은 시료를 구하더라도 그 안에 각 학자가 연구하고자 하는 DNA는 아주 소량 포함되어 있다는 점이 연구를 진행하기 어렵게 했다. 멀리스는 DNA에서 원하는 부분만 선택적으로 그 양을 늘릴 수 있다면 연구가 한결 원활해질 거라 생각했다. 그는 1983년부터 PCR에 대한 아이디어를 실현하려 했다. DNA를 합성하는 기전이 이미 밝혀져 있으니 그것을 잘 활용하면 크기가 작은 DNA 부위를 필요한 만큼 증폭시킬 수 있을 것이라 생각했기 때문이다.

멀리스는 DNA 복제 기전과 같은 조건에서 DNA 합성반응을 일으키되 시발체를 잘 고안해 원하는 DNA 부위에 붙여주면 거기서부터 해당 부위를 계속 만들어낼 수 있을 거라 생각했다. 일단 합성된 DNA를 다음 반응 시 원하

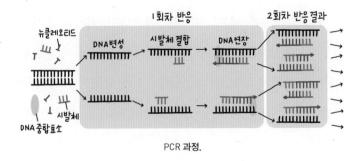

PCR 과정.

는 부위를 만들어내는 재료로 사용할 수 있다면 1회 반응
시킬 때마다 재료로 사용 가능한 주형 DNA template DNA
가 2배로 늘어나므로 반응 산물은 2의 제곱으로 늘어날 터
였다.

그가 고안한 방법은 위 그림과 같다. 먼저 DNA를 가열
해 두 가닥으로 분리한다. 그다음으로 DNA를 냉각하면 시
발체가 각 가닥 끝에 붙는다. 마지막으로 시발체에서 새로
운 DNA 가닥이 만들어진다. PCR에 사용하는 시발체가 붙
을 부분이 시료에 존재하지 않을 경우 반응이 일어나지 않
을 것이고, 준비한 시료에 시발체가 붙을 수 있는 부분이 있
다면 1회 반응 시 최대 2의 제곱수로 원하는 부위가 늘어나
게 된다.

멀리스는 이 방법을 1985년에 논문으로 발표했으나 문제

가 있었다. 원래 인체 내 중합효소는 체온과 같은 37℃에서 가장 잘 기능한다. 그런데 이중나선 모양의 DNA에 시발체가 붙기 위해서는 DNA에 열을 가해 두 가닥으로 나뉘도록 변성시켜야 했고, 이를 위해 DNA를 90℃ 이상으로 가열하면 합성반응을 담당하는 DNA중합효소가 파괴돼버렸다. 따라서 DNA가 변성된 후 매번 효소를 추가해야 했다. 그러나 효소를 추가하면 반응액의 농도가 달라졌고, 효소가 합성할 수 있도록 온도를 37℃로 떨어뜨리는 중에 이미 변성된 DNA가 다시 붙어버리기도 했다.

결국 멀리스가 고안한 방법은 실제로는 원하는 부분을 증폭시키기 어려웠으므로 널리 이용되지 않았다.

고세균이 문제를 해결하다

원하는 부위를 선택적으로 복제해 증폭할 수만 있다면 의학과 생명과학 연구에 엄청난 가속도가 붙을 것은 확실했다. 문제는 어떻게 그 어려운 과정을 쉽게 바꾸느냐였다. 가열해도 기능을 잃지 않는 DNA중합효소가 필요했다. 이런 효소가 있으면 뜨거운 온도에서도 기능이 유지되므로 반응시킬 때마다 효소를 추가할 필요가 없고, 또 온도를 낮게 떨어뜨릴 필요가 없으니 변성된 DNA가 다시 달라붙어 합성을 방해할 가능성이 줄어든다. 그런데 높은 온도에서도 기능하는 중합효소를 어디에서 발견할 수 있을까?

온천이나 화산 지대에 존재하는 고세균을 연구하는 학자들이 좋은 아이디어를 떠올렸다. 자신들이 연구하는 고세균을 활용하자는 것이었다. 고세균이 뜨거운 곳에서 생존하려면 분열해 생식을 할 수 있어야 하고, 분열하려면 DNA가 복제되어야 하며, DNA가 복제되려면 복제를 담당하는 효소가 뜨거운 곳에서 제 기능을 할 수 있을 것이었다.

결국 학자들은 고세균의 한 종류인 테르무스 아쿠아티쿠스*Thermus aquaticus*에서 분리한 단백질 중 DNA를 복제할 수 있는 효소를 발견했고, 여기에 태크 DNA중합효소Taq DNA polymerase라는 이름을 붙였다. 이 효소는 끓여도 활성도가 50% 이상 유지됐으며, 72℃에서 최적의 기능을 보여주었다.

이 효소를 이용하면 PCR을 쉽게 진행할 수 있다는 논문이 1988년에 〈사이언스Science〉지에 게재됐다. 그러자 다국적 제약 회사로 유명한 로슈가 PCR 방법과 태크 DNA중합효소에 대한 특허를 취득한 후 PCR용 재료를 판매했고, 이로써 PCR이 상용화됐다. 지금까지도 전 세계에서 엄청난 양의 PCR용 재료가 팔리고 있으며, 그와 함께 생명과학 연구도 훨씬 용이해졌다.

한편 멀리스가 속한 시터스사는 멀리스가 고안한 PCR에 대한 특허를 로슈에 수억 달러에 판매한 후 그에게 포상금으로 1만 달러를 주었다. 이 금액에 불만을 가진 멀리스는 당장 사표를 내고, 1986년에 신트로닉스사로 이직했다가 1988년부터는 프리랜스 컨설턴트로 일했다. 2000년경에 인기인, 유명인에게 시료를 얻어 그들의 유전인자를 복제해 판매하자는 아이디어를 공표하기도 한 그는 우주론, 신비주의, 컴퓨터바이러스, 인공지능 등에 대한 강의와 자문을 하며 말년을 보내다가 2019년에 세상을 떠났다.

지금 주목해야 할
유전공학 기술은 무엇일까?

1
인간 유전체 프로젝트가 밝혀낸
생명의 빅데이터

사람의 유전체는 약 30억 개의 DNA 염기쌍으로 구성되어 있다. 1970년대에 유전자재조합이 가능해지고, DNA 염기 서열결정법이 개발되며, 다양한 분자생물학적 연구 방법이 발전하자 사람들은 인간 유전체 전체의 염기서열을 읽으면 생명과학에 대한 아주 많은 정보를 얻을 수 있을 것이라 기대하게 됐다.

1985년 미국의 유전학자 로버트 신샤이머Robert Sinsheimer 가 처음으로 인간 유전체를 해독해보자는 제안을 했다. 그러나 그의 제안은 '언젠가는' 또는 '지금보다 기술이 더 발전한다면'이라는 조건이 붙어야 할 만한 이야기였다. 당시의 연구 수준으로는 해당 프로젝트에 얼마나 많은 비용이들고, 얼마나 많은 연구자가 참여해야 할지 상상하기조차 어려웠다.

그러나 PCR이 널리 활용되고, DNA 염기서열결정법도 점점 발전해 동시에 읽을 수 있는 염기서열이 조금씩 많아졌다. 그런 상황에서 DNA의 이중나선 구조를 발견한 왓슨이 1988년에 인간 유전체를 해독하는 프로젝트의 책임자로 선정되자 막연하게만 보였던 인간 유전체 해독이 가시화됐다. 미국 정부가 앞장서서 비용을 대기로 하고, 전 세계 많은 정부와 연구자를 끌어들인 끝에 1990년 10월 1일 미국 국립보건원은 "30억 달러를 투자해 2005년까지 인간 유전자 지도를 완성하겠다"라고 발표했다.

초기에는 예상보다 진행이 느려서 연구를 완성하지 못할 수도 있을 거라는 비관적 전망도 나왔지만 분자생물학 기술의 발전에 힘입어 프로젝트 중반을 지나면서 유전체 해독이 가속화됐다. 그리하여 2001년 2월에 백인 유전체의 99%, 2004년에 100%를 해독했다는 공식 발표가 있었고, 현재는 백인, 흑인, 남방계 황인, 북방계 황인의 유전체 해독이 끝난 상태다.

인간 유전체 프로젝트를 둘러싼 분쟁

노벨상 수상 전 미국으로 온 왓슨은 공동 수상자 크릭만큼 훌륭한 업적을 많이 남기지 못했지만 여전히 명성이 자자한 인물이었다. 그런 왓슨이 인간 유전체 프로젝트의 책임을 맡자 정부와 매스컴의 반응도 좋아졌다. 우리나라는 1997년 말에 경제 위기를 겪은 후 벤처기업 투자 열풍이 불었지만 미국에서는 우리보다 앞서서 생명공학 벤처기업에 대한 투자 열풍이 불기 시작했다.

당시만 해도 미국은 우리나라와 비교가 될 수 없을 만큼 많은 연구비가 투자 기관을 통해 공급되고 있었으므로 많은 학자가 창의적 아이디어를 제시하며 프로젝트에 관심을 보이기 시작했다. 1990년부터 전 세계 10여 개국에서 약 350개 연구실이 왓슨의 주도하에 2005년 인간 유전자 지도 완성을 목표로 다국적 연구팀을 꾸리면서 프로젝트가 시작됐다.

왓슨이 인간 유전체 프로젝트를 진두지휘하고 있을 때 역시 국립보건원에 있던 크레이그 벤터Craig Venter는 기존의 방법이 아닌 새로운 방법으로 유전자를 발굴해나갔다. 그런데 벤터가 1991년 자신이 발견한 유전자에 대한 특허를 출원하려 하자 왓슨이 제동을 걸었다. 유전자는 단백질에 대한 정보를 담고 있는데, 그 단백질의 기능이 뭔지도 모르는 상태에서 유전자에 대한 특허를 출원하면 다른 연구자들이 그 유전자를 연구할 수 없게 되어 학문 발전이 어려워진다고 생각했기 때문이다.

그러나 국립보건원장은 벤터의 의견에 동조했으므로 왓슨과 사이가 나빠졌다. 프로젝트의 책임자이기는 하지만 연구비는 원장을 통해 지원받아야 했던 왓슨은 인간 유전체 프로젝트에서 사임하고 1992년에 국립보건원을 떠났다. 그 후 벤터도 프로젝트를 수행하는 다른 학자들과의 관계에 금이 가 연구비 수주에 어려움을 겪는 등 유쾌하지 않은 경험을 하다가 국립보건원을 떠났다. 왓슨이 떠난 인간 유전체 프로젝트는 프랜시스 콜린스Francis Collins가 이어받았다.

벤터는 자신의 방식대로 인간 유전체 프로젝트를 계속 수행하기 위해 사설 연구소를 차렸다. 퍼킨엘머사의 지원을 받은 벤터는 1998년 셀레라 지노믹스(현재 이름은 셀레라 코퍼레이션)라는 회사를 차리고 더 좋은 여건에서 자신만의 연구를 계속할 수 있게 됐다.

독불장군 벤터의 새로운 접근법

개성이 강해 천재, 독불장군 등 다양한 평가를 받는 벤터는 모범생과 거리가 먼 젊은 시절을 보냈다. 공부를 싫어해 시험을 빼먹기도 하고, 대학 진학에 뜻이 없어서 고등학교를 마치고 하는 일 없이 시간을 보내기도 했다. 그러다 베트남 전쟁이 일어나자 해군으로 징집된 그는 자신이 경험해본 적 없는 극한의 환경에서 시간과 인생의 소중함을 깨닫게 됐다. 그가 노력을 하지 않았을 뿐 천재적 기질을 지니고 있다고 생각한 한 군의관이 그에게 전역하면 반드시 대학에 진학하기를 권했고, 벤터는 이를 따랐다.

벤터가 유전자를 발굴하는 자신만의 방법을 개발하고, 유전체 해독에도 이를 적용하자고 한 일은 전통적 방식에 얽매이지 않는 그의 태도가 드러난 사례이기도 하다.

왓슨 등 주류 학자들이 사용하는 유전자 해독은 DNA 조각이 염색체의 어느 위치에 존재하는지 먼저 확인한 뒤 한쪽 끝에서 차례차례 DNA를 해독해가는 방식이었다. 그러나 DNA는 분리하는 동안 수많은 조각으로 부서지므로 조각을 찾아 순서를 맞추는 일에 많은 시간이 필요했다.

벤터는 조각을 맞추는 데 너무 큰 노력이 필요하므로 위치를 확인하지 말고 일단 조각들의 염기서열을 읽은 후 공통의 염기서열을 찾아 이어 붙이는 방법으로 유전자 해독을 진행하자고 제안했다. 또 조각들의 위치 확인을 하지 않으면 빠지는 조각이 있을 수 있으므로 10세트를 동시에 분석해 누락이 없도록 하자는 아이디어를 냈다. 벤터는 이 방법을 '샷건(산탄총) 방식'이라 불렀다. 이렇게 운이 따라야 하는 비과학적 방법을 벤터가 주장한 것은 새로 개발된 DNA 염기서열 자동분석기와 슈퍼컴퓨터가 조각을 맞추는 일을 도와주리라고 생각했기 때문이다.

무승부로 끝난 경쟁

다국적 연구팀의 인간 유전체 프로젝트는 예산 30억 달러의 60% 이상을 소비한 1997년 말까지도 전체 유전체 중 3~20%밖에 해독하지 못했다. 그러나 벤터는 독자적으로 팀을 이끌면서 1995년에 돼지독감을 일으키는 독감 바이러스의 유전체를 해독하며 속도를 과시하는가 하면 셀레라 지노믹스를 창립하면서는 전보다 훨씬 많은 연구자를 투입해 해독에 박차를 가했다. 이에 벤터의 역전승을 점치는 이들도 나타나고 있었다.

벤터가 연구에 박차를 가하는 동안 다국적 연구팀도 컴퓨터 프로그램과 DNA 염기서열 자동분석기의 도움을 받아 진행 속도가 점점 더 빨라졌다. 2000년에는 미국 대통령 빌 클린턴과 영국 수상 토니 블레어가 함께 다국적 연구팀의 인간 유전체 프로젝트가 거의 끝났다고 발표했는데, 굳이 해야 할 필요가 없는 발표를 위해 대서양을 사이에 둔 양국 최고 지도자가 만난 이유는 막대한 비용과 인력을 쏟아부은 다국적 연구팀이 벤터가 이끄는 벤처회사에 질 수는 없으므로 미리 선전포고를 한 것이라는 해석도 있다.

결국 상호 합의하에 다국적 연구팀은 2001년 2월 15일 자 〈네이처〉지에, 벤터의 연구팀은 2월 16일 자 〈사이언스〉지에 연구 결과를 발표함으로써 치열한 경쟁이 무승부로 끝을 맺었다.

인간 유전체 프로젝트 이후의 생명과학과 의학

인간 유전체 프로젝트를 진행하는 동안 중추 역할을 한 미국 국립보건원은 유전체 정보가 질병을 진단하고 치료하는 데 크게 기여할 것이라 보았다. 일부 학자들은 유전체 프로젝트의 완료 후 5~30년이 지나면 모든 질병에 대한 유전적 근거가 밝혀질 것으로 기대하기도 했다. 그러나 2001년에 해독이 완료됐다는 발표를 전후해 생명공학 기술biotechnology 산업과 관련한 회사의 주가만 오르내렸을 뿐 큰 변화는 일어나지 않았다. 인간 유전체를 해독하는 과정에서 사람들은 생명현상은 유전체를 해독하는 것만으로 이해할 수 있는 간단한 일이 아니라는 사실을 서서히 알아가고 있었다. 유전체 해독 프로젝트의 끝은 생명에 대한 이해의 시작이었다.

인간 유전체 프로젝트의 완료와 더불어 알게 된 사실은 과거에 유전질환이라고 생각하지 못했던 치매, 비만, 집중력 부족, 알코올의존증 등의 발현 유무가 유전자와 밀접한 관련이 있다는 것이다. 또 헌팅턴병이나 낫적혈구빈혈처럼 유전자 하나에 의해 발병 여부가 결정되는 질병도 있지만 암이나 당뇨병과 같이 여러 유전자가 상호작용해 일으키는 질병도 많다는 것이다.

유전체라는 용어는 유전자와 염색체를 더해 만들어진 것인데, 유전체 해독이 끝을 보이기 시작하자 단백체proteomics, 대사체metabolomics, 전사체transcriptomics 등 새로운 합성 용어가 또 생겨났다. 유전자뿐 아니라 생명체 내에서 일어나는 많은 현상이 여러 인자의 상호작용에 의한 것임을 보여주는 예라 할 수 있다. 즉 유전자는 생명현상에서 큰 역할을 하지만 전부는 아니다. 그러므로 유전체 해독이 끝남과 더불어 다음 과제가 시작됐다.

인간 유전체 프로젝트가 완료되면서 얻은 지식은 그 의미를 제대로 파악할 필요가 있다. 21세기가 시작되었을 때도 인류는 DNA에 담긴 정보 중 단백질을 합성하는 데 사용할 수 있는 약 1~3%만 안다고 가정했을 뿐 나머지 약 97~99%가 어떤 일을 하는지는 모르고 있었다. 쓸모없는 DNA를 그렇게 많이 가지고 있을 리 만무하므로 유전체 해독 이후 지금까지 유전자가 아닌 부분의 존재 의미를 알아내기 위한 연구가 진행 중이다.

또 사람마다 조금씩 차이가 있는 유전체의 정보가 어떤 의미를 지니는지도 알아야 한다. 인간 유전체 프로젝트가 완료되면서 사람마다 유전체의 서열에 꽤 큰 차이가 있음이 알려졌다. 다른 사람과 염기서열이 다른 경우가 많이 발견되자 개인을 대상으로 연구하기가 어려워졌다. 지금은 1,000명당 1명 이상에게서 같은 변이가 발생하는 경우를 단일염기다형성single nucleotide polymorphism·SNP이라 정의하고,

여러 나라의 국공립 연구소와 민간기업에서 그 연구가 진행 중이다. SNP 연구 결과는 같은 약이 누구에게는 효과를 발휘하면서 누군가에게는 도움이 되지 않는 이유 등을 밝히는 데 활용될 수 있을 것으로 기대된다.

큰 변화가 없다고 해서 변화가 없는 것은 아니다. 지금까지 알게 된 지식만으로도 자신의 조상이 어떤 인종에서 유래했는지 알 수 있고, 인생 중 어느 시기에 특정 병에 걸릴지 확률적으로 예측할 수 있다. 한 예로 특정 유전체를 지닌 어린이가 50세가 되면 위암에 걸릴 확률이 몇 퍼센트인지를 예측할 수 있게 된 것이다. 유명 배우 앤젤리나 졸리가 유방암을 예방하기 위해 유방절제술을 받은 일이 널리 매스컴을 타기도 했다.

이처럼 인간 유전체 정보는 건강 상태를 진단하고 질병 발생 확률을 예견하는 데 중요한 역할을 하며, 지식이 쌓일수록 그 활용도도 점점 높아지고 있다.

유전공학 기술의 미래

사람과 침팬지의 유전체는 불과 2%의 차이가 있고, 다른 유인원의 유전체도 그와 비슷한 정도의 차이만 있을 뿐이다.

그럼에도 사람은 이 세상을 지배하다시피 하고, 유인원들은 그렇지 않다. 그 이유는 어떻게 설명할 수 있을까?

또 예로부터 빵이나 맥주를 만들 때 사용한 단세포 미생물인 효모는 6,000여 개 유전자 대부분이 사람에게도 비슷한 형태로 존재한다. 효모의 유전자를 기능하지 못하게 해 효모가 생존하지 못하게 한 다음 사람 유전자를 효모에 주입했더니 효모가 다시 살아났다는 연구 결과도 있다. 사람과 효모는 먼 친척인 셈이다. 그렇다면 효모를 연구해서 인체에서 일어나는 생명현상을 이해할 수 있지 않을까?

일반인이 느끼기에는 인간 유전체 프로젝트가 끝난 후에 아무런 일도 일어나지 않았을 수 있지만 실제로는 세계 각국의 유전공학 회사와 연구자가 끊임없이 관련 연구를 진행하고 있고, 새로운 발견이 이어지고 있다.

인간 유전체 프로젝트의 완료는 유전체에 포함된 유전자의 기능과 조절 기전을 알아내기 위한 프로젝트의 시작이자, 단백체가 어떻게 사람을 사람답게 하는 고유현상을 나타내고 조절하는지 알아내는 프로젝트의 시작을 의미했다. 강산이 2번 바뀌는 동안 연구가 진행되어 많은 정보를 얻었는데도 생명현상의 오묘함은 깊이를 더하고 있다.

예를 들어 큰 키로 자라날 유전형질을 지니고 태어난 아기에게 영양을 충분히 공급하지 않는다면 그 아기의 키가 커질 확률은 줄어들 것이다. 이처럼 인간의 행동, 소질, 외모, 성격 등은 유전자 자체는 물론 주변 환경에도 영향을 받을 수밖에 없다. 그러므로 유전자가 만능이 아니라는 이야기가 나온다.

한편 유전공학 기술은 생명을 다루는 과학 기술이므로 철학적 논의를 수반한다. 타고난 유전체를 교정하는 것은 자연의 섭리에 맞지 않는다고 주장하는 이도 있다. 신이 만든 것인지 우연히 태어난 산물인지는 차치하고라도, 공학자들이 고장 난 기계를 수리하고 부품을 바꿔 끼우듯 유전공학자들이 인류의 삶을 더 풍요롭고 건강하게 하겠다는 목적으로 가축과 농작물 등의 결함을 제거하거나 장점을 극대화해 생명체의 본질을 바꾸는 것처럼 보이는 일을 하는 것이 과연 합당하다 할 수 있느냐는 것이다.

그러나 사람이 지닌 유전체는 원래부터 끊임없이 변화한다. 그렇기에 생물의 진화가 가능했던 것이다. 인간을 포함한 모든 생명체는 지금도 유전체의 끊임없는 변화와 함께 존재하고 있다. 유전자치료도 유전체를 변화시키는 방법의

하나다.

인류는 유사 이래 줄곧 현실에 머무는 대신 끊임없는 호기심과 탐구 정신을 발휘해 문제를 해결하고 발전을 추구해왔다. 인류를 위협하는 감염병 문제의 해결을 위해 노력한 결과 수명이 길어졌고, 생활습관이 변화하면서 대사성질환이 많아지자 이를 해결하기 위한 방법을 찾아내기도 했다. 과거에는 노인에게 당연히 발생하는 현상으로 받아들이던 노화, 기억력 감퇴, 유연성 부족 등도 건강한 삶을 위해 해결해야 할 문제로 받아들이면서 의학의 범위가 넓어졌다.

인간 유전체 프로젝트의 완성과 더불어 시작된 21세기에는 의학과 인체에 대한 이해가 훨씬 깊어짐으로써 개인별 맞춤 의학의 시대가 올 것으로 예견된다. 예를 들어 감기에 걸리는 경우 '특정 약이 몇 퍼센트의 확률로 얼마의 기간이 지난 다음 감기를 낫게 할 수 있을 것이다'가 아니라 '당신이 보유한 유전자에 가장 맞는 약 C를 투여하면 일주일 내에 현재의 증상이 없어질 것이다'같이 예측하게 될 것이다.

생명과학 지식이 늘어날수록 근본적인 의문이 더 제기될 가능성도 있다. 하지만 이러한 문제에 대한 답을 찾기 위해 노력하는 과정에서 인류는 건강 수명을 연장하고 행복한

삶을 가능하게 하며 복지를 향상시킬 것이다. 과학은 인문학과 사회학의 도움을 받아 발전하며 더 살기 좋은 사회를 만들 것이다.

생명의 신비를 밝히는 작업이 한발 더 나아가면 인류의 삶도 더 윤택해진다. 이를 위해 인류는 생명현상의 비밀을 풀기 위한 노력을 계속할 것이다.

2
난치병을 치료하는
새로운 방법

특정 기능을 하는 단백질에 문제가 생겨 그 단백질이 기능을 제대로 하지 못해 질병이 생기는 경우를 흔히 볼 수 있다. 단백질을 합성하는 유전정보는 유전자에 들어 있으므로 특히 엉뚱한 단백질이 생성된 경우는 유전자가 잘못된 것이 아닌지 확인해볼 필요가 있다.

1960년대 초에 유전암호가 밝혀지자 유전자 염기서열을 읽으면 아미노산 서열을 알 수 있게 됐고, 이를 토대로 단백질의 구조를 조금씩 해독할 수 있게 됐다. 몸 전체에서 특정 부위 하나에만 문제가 생겨도 심각한 질병이 발생할 수 있듯 큰 단백질에서 1개의 아미노산만 변이가 생겨도 질병이 발생할 수 있다.

DNA 염기서열 하나의 변이가 질병을 일으키는 예로 처음 발견된 것은 헌팅턴병이다. 멘델의 유전법칙이 재발견되기 전인 1872년에 조지 헌팅턴George Huntington은 상염색체(성염색체가 아닌 염색체) 우성으로 유전되는 이 병의 유전 형태를 명확히 기술했다. 3대 증상은 무도증, 정신 증상, 치매다.

헌팅턴병에 걸리면 통제할 수 없는 불규칙한 움찔거림이 신체 여러 부위에서 나타나거나 한 부위에서 다른 부위로 이동하며 병이 진행될수록 이 증상이 전신으로 퍼져나간다. 병이 오래 진행되면 과다근육긴장증과 심한 경직 상태에 이르며, 15~20년 정도 지나면 음식이 식도가 아닌 기도로 들어가서 발생하는 폐렴으로 사망할 수 있다.

헌팅턴병은 1983년에 4번 염색체에 위치한 유전자의 이상에 의해 발생한다는 사실이 알려짐으로써 유전자 이상으로 발병하는 질병 중 처음으로 발견되는 기록을 남겼다. 이와 같이 유전자에 생긴 이상이 질병의 원인이 되는 경우 비정상 유전자를 정상 유전자로 바꾸거나 비정상 유전자는 기능하지 못하게 하고, 정상 유전자를 넣는 방법으로 치료를 시도할 수 있다. 이것이 유전자치료다.

유전자치료의 서막

유전자를 이용해 병을 치료하자는 제안을 처음 한 이는 의사였던 시어도어 프리드먼Theodore Friedmann과 생화학자 리처드 로블린Richard Roblin이다. 이들은 1972년에 〈사이언스〉지에 '인간 유전질환에 대한 유전자치료Gene therapy for human genetic disease?'라는 제목의 기사를 썼다. 이 기사에서 이들은 유전자치료가 유전질환 해결에 도움이 될 수 있을 것이라 주장했다.

이들은 현재는 유전자조절 및 유전자재조합 같은 인간 세포의 기본 과정에 대한 이해가 부족하고, 유전질환에서 발생하는 분자적 결함과 질병 상태가 어떤 관계가 있는지 초보적인 사항만 이해하고 있으며, 유전자치료의 부작용에 대한 정보가 없는 실정이지만 그래도 미래에는 유전자치료 기술 개발이 필요하다고 주장했다.

1972년은 유전자재조합이 가능하지도 않았고, 자외선을 쬐면 DNA가 변형된다는 것 정도만 알려져 있었으며, 세포 실험을 통해 효소를 활성화할 가능성 등이 제시되는 정도로 지금과 비교하면 분자생물학 지식이 아주 부족했다. 그때 프리드먼과 로블린은 유전자치료에 따르는 윤리적 문제까지 지적했으므로 참으로 앞서간 주장을 펼쳤다 할 수 있다.

생명과학과 분자생물학의 지식이 조금이라도 있는 사람이라면 유전자치료라는 말을 들었을 때 '우리 몸에서 핵이 있는 모든 세포에는 유전자가 들어 있고, 그 유전자가 단백질로 발현되는 정도는 세포마다 다르다. 그러면 어떻게 하면 특정 유전자의 기능은 억제하고, 특정 정상 유전자를 지정된 세포에 전달할 수 있나' 하는 의문을 가지게 된다. 예를 들어 이자의 베타 세포에 있는 인슐린 유전자에 문제가 생겨 인슐린을 제대로 합성하지 못할 때 어떻게 문제가 있는 유전자의 기능을 막을 것이며, 어떻게 정상인 인슐린 유전자를 이자의 베타 세포에 넣어주어 정상적인 인슐린 호르몬을 만들 수 있는가 하는 것이다.

기능을 제대로 하지 못하는 유전자가 엉뚱한 단백질을 만들지 않도록 하는 것도 쉬운 일이 아니고, 정상적인 유전자를 원하는 부분에 도달하게 하는 것도 쉬운 일이 아니다. 프리드먼과 로블린의 주장이 제기된 후 반세기 이상이 흘렀지만 유전자치료가 활발하게 이뤄지지 않는 것은 이와 같은 문제를 해결하지 못했기 때문이다.

1984년에 연구자들은 유전자를 전달하기 위해 레트로바이러스retrovirus를 벡터(운반체)로 사용했다. 바이러스 중에서 DNA가 아닌 RNA를 지닌 레트로바이러스에서 사람에게 해가 되는 부위를 제거하면 유전자를 싣고 가는 도구로 쓸 수 있다. 그 후로 연구자들은 아데노바이러스같이 DNA를 지닌 바이러스도 벡터로 이용했다. 아데노연관바이러스adeno-associated virus·AAV도 그 예에 해당한다. 이로써 포유류의 염색체에 원하는 유전자를 넣는 일이 조금씩 가능해졌다.

특정 유전자를 어떻게 효율적으로 사람 세포에 넣어 원하는 단백질을 합성하게 할 것인지는 지금까지 계속 연구되고 있다.

최초의 유전자치료를 받은 사람은 누구일까?

인류 최초의 유전자치료는 1990년 9월 14일에 처음 시도됐다. 미국 국립보건원 내 병원에서 윌리엄 앤더슨William Anderson의 감독 아래 시도된 치료의 대상자는 아샨티 드실바Ashanti DeSilva라는 어린이였다.

그녀의 부모는 태어난 직후에 쇠약해 보이는 딸을 데리고 병원에 갔다가 중증복합면역결핍증severely combined immune deficiency·SCID이라는 진단을 받았다. 이 병은 면역기능과 관련된 다양한 유전자의 돌연변이로 발생하는 희귀 질환으로, 선천면역과 후천면역이 동시에 결핍되므로 에이즈(후천면역결핍증)보다 중한 병이라 할 수 있다. SCID를 겪는 영아는 신생아 시절에는 별문제 없어 보이지만 면역력이 없으므로 감염이 생기면 치명적인 피해를 입을 수 있으며 일반적으로 생후 1~2년 내에 사망에 이른다.

드실바에게 SCID가 발생한 이유는 아데노신 탈아민 효소adenosine deaminase·ADA가 결핍됐기 때문이었다. 이 효소가 결핍되어 SCID가 발병하는 경우는 전체의 25% 정도다.

원인을 알고 있다는 점은 그나마 다행이었다. 그러나 이 병은 워낙 중해 그때까지 알려진 치료법을 사용해도 환자가 몇 년 지나지 않아 사망할 것으로 예상됐다. 드실바도 인공 ADA 효소를 정기적으로 투여했지만 2년 정도가 지나자 효과가 거의 사라졌다.

딸을 살리고 싶은 부모는 무슨 일이든 시도하고자 했고, 그러던 중 유전자치료의 임상시험을 계획하던 앤더슨을 만났다. 사전 지식과 정보가 충분하지 않은 유전자치료의 임상시험에 동의하지 않는 학자도 많았지만 드실바는 워낙 심각한 상태였으므로 1990년에 FDA의 시험 허가를 받을 수 있었다.

인류 역사상 최초의 유전자치료 결과는 성공적이었다. 6개월간 치료를 하자 면역을 담당하는 세포의 하나인 T세포 수가 극적으로 증가했다. 그리고 2년 동안 드실바의 건강은 크게 개선됐다. 특별한 부작용도 나타나지 않았으며, 드실바에 이어 같은 치료를 시도한 어린이들도 모두는 아니지만 대부분 좋은 결과를 보여주었다.

이로써 유전자에 이상이 생긴 희귀 질환을 치료할 수 있으리라는 기대도 커졌다. 2010년대까지 유전자치료는 희귀하고 심각한 유전질환에 주로 시도됐으며, 드실바의 성공으로 학자와 일반인 모두 유전자치료에 더 큰 관심을 가지게 됐다.

보통 2년을 넘기지 못하고 사망하는 것이 당연하다시피 했던 SCID에 걸렸던 드실바는 이제 건강한 30대 직장인으로서 인생을 살아가고 있다.

파킨슨병과 유전자치료

파킨슨병은 중추신경계가 퇴행하면서 사지와 몸이 떨리고

경직되는 질병이다. 1817년에 영국의 병리학자 제임스 파킨슨James Parkinson이 최초로 보고해 자신의 이름을 붙였으며, 질병이 진행되면서 머리를 조금씩 앞으로 내밀고, 몸통과 무릎이 굽은 자세를 취하게 된다.

손이 떨리고, 얼굴 표정이 굳어 가면 같은 모습을 하고, 좁은 보폭으로 느리게 걷는 것이 흔히 볼 수 있는 증상이다. 나이가 들수록 발생 확률이 커지고, 뇌의 시신경 교차 부위 절단면을 보면 세포가 위축되어 정상인에게 보이지 않는 작은 공간이 존재하며, 흑색질 부위에 색소가 소실된 것을 볼 수 있다. 신경전달물질 중 하나인 도파민이 감소하는 것이 파킨슨병의 원인으로 지목된다.

파킨슨병은 19세기까지는 희소 질환에 속했으나 현재는 미국에만 100만 명이 넘는 환자가 있을 것으로 추정되며, 매년 미국에서 새로운 환자가 6만 명씩 발생한다는 보고도 있을 정도로 유병률이 증가하고 있다. 부족한 도파민을 투여해 치료할 수 있지만 그것을 필요로 하는 대뇌까지 전달할 방법이 마땅치 않은 것이 문제다. 대안으로 도파민 전구체(대사되면 도파민이 되는 물질)인 엘도파l-dopa를 투여해 뇌에서 도파민으로 대사되도록 하고 있지만 병의 진행을 더디게 할 수는 있어도 치료하기는 어렵다.

한번 발생하면 정상으로 되돌릴 방법이 마땅치 않은 파킨슨병 치료를 위해 위축되거나 고사된 세포를 되살리는 줄기세포 치료가 시도되고 있다. 또 2008년에는 특정 유전자 치료가 효과가 있을 것이라는 연구 결과가 발표됐다. AAV에 환자가 필요로 하는 성장인자를 만들어낼 수 있는 유전자를 실어 손상된 뇌세포로 보내는 방법이다. 연구자들이 사용한 뉴투린neurturin이라는 유전자는 신경세포 성장을 자극하는 데 도움을 줄 수 있는 신경아교세포유래향신경인자GDNF와 아주 밀접한 관련이 있는 신경성장인자로, 연구자들은 머리뼈에 작은 구멍을 뚫은 후 바늘을 이용해 AAV에 클로닝cloning한 유전자를 직접 주사했다.

이상의 내용은 유전자치료의 가능성을 보여주는 중간 연구에 해당한다. 앞에서 SCID 환자를 위한 유전자치료는 치료제가 시판된 것이 아니라 FDA의 허가를 받아 시험한 것이고, 파킨슨병에 대한 내용은 아직 연구 중간에 가능성 있는 결과를 얻었다는 이야기일 뿐이다. 그렇다면 시판용 유전자치료제 개발은 어디까지 왔을까?

유전자치료제의 발전

2012년 유럽 식품의약품안전처의 승인을 받아 영국에서 글리베라Glybera라는 유전자치료제가 최초로 판매됐다. 글리베라는 지단백지질분해효소결핍증lipoprotein lipase deficiency·LPLD이 초래하는 중증 췌장염을 해결하기 위한 치료제다.

글리베라는 AAV 벡터를 이용해 사람의 지단백지질분해효소LPL 유전자를 근육세포에 전달하도록 설계됐다. LPL 유전자는 세포의 염색체에 삽입되지 않고 핵에 자유롭게 떠다니는 DNA로 남아 단백질합성을 위한 정보를 제공하며, 이때 벡터로 사용되는 바이러스에 대한 면역반응을 예방하기 위해 면역억제요법이 시행됐다. 글리베라를 환자에게 주사한 후 3~12주가 지나자 혈중 지방 농도가 감소한 것으로 나타났으나 아쉽게도 글리베라는 시장에서 철수해야 했다.

LPLD는 유병률이 100만 명당 1~2명 정도일 정도로 환자가 많지 않은 데다 '100만 달러짜리 약'이라는 별명이 붙을 만큼 비싼 것이 문제였다. 생산한 약물의 유지 관리도 쉽지 않았고, 미국에서는 승인 불가 문제 등이 겹쳐 2년 만에 시판이 중지됐다. 글리베라는 경제적 이익은 가져다주지 못했지만 유전자치료의 가능성을 보여줬다는 데 의의가 있다.

2016년 유럽 식품의약품안전처는 글락소스미스클라인 사가 개발한 스트림벨리스Strimvelis를 세계에서 2번째 유전자치료제로 승인했다. 스트림벨리스는 ADA 결핍에 따른 SCID를 치료하기 위한 약이다.

스트림벨리스가 시판된 이후 치료를 받은 사람 중 75%는 효소를 사용하지 않고도 호전되었다. 불치병이 치료 가능한 병으로 바뀌는 순간이었다. 유전자치료제는 1회의 치료가 거의 영원한 효과를 보장한다는 것이 장점이지만 가격이 100만 달러에 이르는 글리베라처럼 시판되더라도 수요를 창출할 수 있을지 의문이다.

3번째로 시판된 유전자치료제는 스파크 세러퓨틱스사의 SPK-RPE65(럭스터나)다. SPK-RPE65는 환자의 안구에 직접 주사하는 유전자치료제로, 바이러스벡터에 교정용 유전자를 실어 돌연변이 유전자를 지닌 환자의 세포에 삽입함으로써 유전자가 제 기능을 할 수 있도록 설계됐다. 이를 이용해 RPE65 유전자의 돌연변이로 발생하는 희귀한 안구질환인 유전적 망막형성장애를 치료할 수 있다.

시력을 잃는 질병인 망막형성장애는 특별한 치료법이 없

었는데 새로운 치료법이 개발됐으니 환자들에게는 희소식이라 할 수 있다. 이 약은 미국 FDA에서 승인받은 최초의 유전자치료제다. 스파크 세러퓨틱스사는 이 외에도 여러 종류의 유전자치료제를 개발하고 있다.

2018년까지 모두 7가지 유전자치료제가 시판됐는데 문제는 가격이었다. 유전자치료의 표적이 되는 질병 중에는 희귀 난치병이 많으므로 환자 수가 많지 않다. 개발에 투자한 비용을 회수하려면 높은 가격을 책정할 수밖에 없다. 따라서 우리나라처럼 전 국민을 대상으로 한 건강보험 제도를 시행하는 국가에서는 보험 적용 여부를 검토할 필요가 있다.

글리베라는 가격이 턱없이 비싸 많은 이들이 사용해보지도 못한 채 시장에서 퇴출됐지만 유전자치료제 가격은 전과 비교하면 떨어지는 추세이므로 앞으로는 돈 때문에 고칠 수 있는 병을 고치지 못하는 일은 없어질 것으로 기대된다.

치료 등의 목적으로 인체에 투입한 약물은 시간이 지나면 대사되어 인체에서 사라지거나 배출되지만 사람의 염색체에 유전자를 삽입하는 유전자치료는 영구적이므로 성공하기만 하면 삶의 질을 획기적으로 높일 수 있다. 그러나 아직은 기술이 개발된 지 30여 년밖에 지나지 않았으므로 장기적인 부작용에 대한 조사가 더 필요하다.

유전자치료가 보편화하기까지 갈 길이 멀지만 가능성 있는 연구 결과가 계속 제시되고 있으므로 그동안 뚜렷한 치료법을 발견하지 못했던 파킨슨병을 비롯한 희귀 난치병 치료에 유전자치료가 일익을 담당할 수 있을 것이라는 기대가 커져가고 있다.

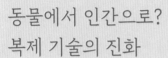

3
동물에서 인간으로?
복제 기술의 진화

1996년 복제 양 돌리가 태어났다. 20세기 말 전 세계를 떠들썩하게 한 복제 동물의 탄생 소식은 놀라움과 동시에 언젠가 사람도 복제할 수 있다는 데서 오는 섬뜩함을 안겨주었다.

복제에도 종류가 있다. '한국에서는 인간 복제 연구에 찬성하는 이들이 1% 미만이지만 미국에서는 31%가 찬성한다'라는 내용의 기사를 보고 혀를 찬 지도 어느덧 30년 가까이 지났다. 그런데 미국에서 이런 결과가 나온 것은 질문 시 '듀플리케이션duplication'이라는 용어를 쓰지 않고 '클로닝cloning'이라는 용어를 사용했기 때문이었다.

생김새와 유전자는 물론 과거에 대한 기억이나 경험까지

똑같은 사람이 나타난다면 그 사람이 나의 '복제'라 생각할 수 있다. 또 아끼던 강아지가 불의의 사고로 목숨을 잃어서 강아지의 세포를 토대로 죽은 강아지와 유전정보가 똑같은 강아지를 얻었어도 이를 '복제'로 볼 수 있다.

그런데 모든 것이 나와 똑같은 복제는 '듀플리케이션'이라 한다. 반면 복제 강아지는 유전체가 같지만 자라온 환경이 달라 생김새는 비슷해도 영양상태, 지식, 습관 등이 다를 것이다(일란성쌍둥이가 서로 다른 환경에서 자라난 것과 같은 상황). 이 경우는 '클론'이라 한다.

죽은 강아지의 세포에서 유전체를 복제해 유전정보가 똑같은 강아지를 얻는 클로닝은 전문 기업을 통해 실현할 수 있다. 클로닝이 이미 현실이 된 만큼 유전체 복제를 무조건 반대할 수는 없는 상태에 이르렀다.

복제 기술이 유전공학 연구에 반드시 필요한가?

"생명체를 탄생시키는 데 필요한 모든 정보는 핵에 들어 있으며, 세포핵을 떼어 난자에 이식하면 새로운 생명체를 얻을 수 있을 것이다."

오늘날 학자들이 핵 치환법을 이용해 복제를 연구하는 것을 예견하기라도 한 이 발언은 1935년 노벨·생리 의학상을 수상한 독일의 한스 슈페만Hans Spemann이 남긴 것이다. 동물의 배 발생 과정에서 일어나는 현상을 연구해 노벨상 수상자가 된 그는 핵에 유전정보를 지닌 물질이 존재한다는 사실만 알려진 상태에서 유전되는 물질이 무엇인지도 모른 채 이와 같은 주장을 했다. 그로부터 9년이 지난 1944년에 미국의 에이버리가 핵에 들어 있는 DNA가 유전물질임을 알아냈다.

이후 수십 년간 복제에 대한 관심 유무에 상관없이 여러 학자가 각자 자기 분야의 연구를 진행하는 동안 복제 기술이 발전해갔다. 그리고 마침내 1996년 7월 5일, 영국의 이언 월멋Ian Wilmut과 키스 캠벨Keith Campbell이 복제 양 돌리를 탄생시키는 데 성공했다. 이들은 핵 치환법으로 배양세포주로부터 양을 클로닝하는 데 성공했다는 논문을 〈네이처〉지에 발표했으나 당시에는 큰 반향을 일으키지 못했다. 아마도 당시 연구자들이 이미 몇 번 복제 동물을 탄생시켰으나 그 동물이 곧 생명을 잃는 일이 잦았기 때문인 듯하다.

돌리의 탄생이 세상에 큰 반향을 불러일으킨 것은 그로부터 7개월 후였다. 1997년 2월, 복제 양 돌리가 7개월째 잘 자라고 있다는 소식은 복제 동물은 물론 복제 인간이 탄생할 수도 있음을 예견하는 충격적인 소식이었다. 이전까지 수정란 상태의 유전자를 이식하거나 개구리의 체세포를 이식하는 단계에 머물렀던 생명공학 기술이 포유류에 체세포를 이식해 유전형질이 똑같은 복제 동물을 탄생시키는 단계까지 발전한 것이다.

돌리는 6세 암양의 유선 세포에서 얻은 핵을 핵이 제거된 미수정란에 이식하고 이를 대리모 양의 자궁에 이식해 탄생했다. 유선세포를 제공한 양의 딸이자 유전형질로는 일란성쌍둥이에 해당하는 셈이다.

윌멋과 캠벨은 277번의 시도 끝에 돌리를 탄생시키는 데 성공했다. 이는 276번의 실패를 의미하는 것이 아니라 최적의 실험 조건을 알아내기 위해 미세하게 조정을 거듭한 결과다. 이러한 선구자들 덕분에 지금은 성공률이 높은 실험 조건이 알려져 있다.

돌리가 복제됐다고 해서 동일한 유전정보를 지닌 양과 완전히 똑같은 것은 아니다. 자라는 과정에서 다른 경험, 기억, 정보 등을 받아들였으며, 일란성쌍둥이라도 모든 것이 똑같은 것은 아니듯 환경에 따라 달라 보였을 것이다.

독일의 〈슈피겔〉지는 복제 히틀러, 아인슈타인, 매릴린 먼로의 일러스트를 표지에 싣기도 했다. 그러나 히틀러의 체세포를 이용하면 또 하나의 히틀러가 태어나고, 아인슈타인을 복제하면 또 한번 위대한 업적을 남길 것이라는 생각은 버려도 된다. 복제된 인간은 원래의 인간과 비교할 때 유전적인 특성만 동일할 뿐 생활 방식, 경험, 환경에 따라 완전히 다른 사람으로 성장할 수 있기 때문이다. 유전자에 변이가 일어나면 유전형질까지도 달라질 수 있다.

돌리가 탄생한 후 영국 하원 청문회에서 윌멋은 연구 목적에 대해 "우량 가축을 공장에서처럼 대량생산해 인류에게 필요한 영양분을 지닌 식량을 공급하고 질병 치료에 이용할 의약품을 개발하기 위한 것"이라고 설명했다. 그는 또 인류를 위한 동물 복제는 허용하더라도 인간 자체를 복제하는 일은 피해야 한다고 강조했다.

많은 이들의 우려를 무릅쓰고 복제 연구를 하는 이유는 복제 기술이 의약품 개발, 장기이식, 질병 치료, 식량난 해결 등 많은 문제를 해결할 수 있을 것으로 기대되기 때문이다. 또 공룡과 같은 멸종동물 복제, 동식물의 품종개량 등 응용 분야는 다양하게 늘어날 것이다.

이렇게 기대가 큰 복제 연구였지만 월멋과 캠벨에게 연구비를 후원한 PPL-세러퓨틱스사는 돌리가 탄생한 후 얼마 되지 않아 파산했다. 수익 모델을 빠른 시일 안에 확보할 수 없어 투자자들이 더 이상의 투자를 거부했기 때문이다. 연구진 일부는 경쟁사인 미국의 ACT Advanced Cell Technology 사로 옮겨 갔다.

조직공학의 발전에 이용될 복제 기술

복제 기술 개발에 관심을 가진 회사 중에는 조직공학에 흥미를 느끼는 곳이 많다. 조직공학이란 인체의 특정 부위만 복제하는 학문이다. 팔을 잃은 사람에게 복제 팔을 이식하거나 목소리를 내지 못하는 사람에게 목소리를 낼 수 있는 부위를 복제해 이식하는 것이 조직공학 기술에 해당한다. 뼈를 다친 사람을 치료하기 위해 뼛조각을 맞추느라 고생할 것이 아니라 반대편 뼈 모양을 토대로 새로운 뼈를 복제하면 기능이나 모양이 훨씬 개선될 뼈를 얻을 수 있을 것이다.

현대 의학은 재료만 공급되면 지금보다 훨씬 많은 환자를 회복시킬 수 있을 정도로 발전했다. 콩팥, 심장, 폐, 간 등 적절한 장기만 있으면 살릴 수 있는 환자가 많은데 공여자를 구하기가 어려운 것이 문제다. 공여자를 구하는 대신 조직 공학을 이용해 필요한 인체 부위를 구할 수 있다면 많은 생명을 구할 수 있다. 복제 기술은 다음 장에서 소개할 줄기세포 기술과 함께 조직공학에도 크게 기여하고 있다.

세포와 생체 재료를 이용해 인공적으로 장기를 만든다고 할 때, 쉽게 생각할 수 있는 방법은 장기가 필요한 환자의 조직 또는 다른 개체에서 분리한 세포를 배양해 새로운 생체 조직을 만드는 것이다. 이때 세포가 원하는 모양으로 자라날 수 있도록 세포를 인공 지지체(스캐폴드scaffold)에 부착해 배양하기도 한다. 이식된 세포가 세포외기질extracellular matrix을 분비하며 조직을 형성하는 동안 생분해성 고분자 물질로 만든 스캐폴드는 생분해되어 몸 밖으로 배출되므로 결과적으로 사람의 몸을 구성하는 조직과 성분이 같은 새로운 조직이 형성된다.

잘 응용하면 수익성 높은 생명공학 산업으로 발전할 수 있는 복제 기술로는 질병으로 못 쓰게 된 인체 장기를 정상적으로 기능하는 동물 장기로 대체하는 기술, 어떤 세포로든 분화할 수 있는 미분화 간세포를 이용해 원하는 상태로 분화된 세포를 얻는 기술, 생체 조직과 아주 유사한 합성 소

재를 이용해 조직이나 장기를 만드는 조직공학 기술 등이
제기된다.

현재 이러한 기술은 의학에서 일부 활용되고 있으며, 체
세포복제 기술을 비롯한 복제 관련 기술이 점점 더 발전하
면서 그 응용 가능성이 커져가고 있다.

복제 기술과 윤리 문제

"지금까지 신의 영역으로 여겨온 생명의 탄생 과정을 인간
의 힘으로 조정하는 것이 온당한 일일까?"

1840년대에 마취제가 처음 사용됐을 때, 1973년에 유전
자재조합에 의한 유전자조작 소식이 전해졌을 때, 1978년
에 시험관 아기가 탄생했을 때, 1997년에 돌리가 태어나 잘
자라고 있다는 소식이 전해졌을 때 많은 사람이 이것이 옳
은 일인지 의문을 제기했다.

마취제가 개발되었을 때는 이것을 이를 빼거나 종기를 제
거할 때 사용하는 것은 좋지만 임신부가 출산을 할 때 통증
을 줄이기 위해 사용하는 것은 성경의 교리상 안 된다는 주
장이 제기됐다. 유전자재조합은 인간의 힘으로 생명체의 본
질이라 할 수 있는 유전자를 바꿀 수 있다는 점에서 문제가

됐고, 시험관 아기는 여성의 몸 밖에서 수정을 해 태어날 준비를 하므로 자연의 섭리를 벗어난다고 생각한 이들이 많았다.

복제 기술도 마찬가지였다. 우주에 존재하는 미물인 인간이 생명현상을 조절해보겠다고 덤벼들었다가 제2의 바벨탑 사태를 불러일으킬 수도 있다는 반대에 부딪혔다. 복제 소식에 대해 가장 민감한 반응을 보인 곳은 종교계와 윤리학계였다.

종교계에서는 신(하나님)만이 통제할 수 있는 생명을 인간이 직접 통제하려 든다며 문제를 제기했고, 윤리학계에서는 과연 윤리적으로 복제 연구를 인정할 수 있는가 하는 문제를 제기한 것이다. 종교계나 윤리학계 입장에서는 당장 중단해야 할 일이었지만 호기심에 충만한 과학계에서 복제 연구를 일괄 중단한다는 것은 쉽지 않은 일이었다.

인류 역사에서 중요한 논쟁거리가 생기는 경우 그 발단이 된 일을 조금씩 시도해보다가 별문제 없으면 그대로 진행하는 경우가 흔히 발생하곤 한다. 앞서 소개한 4가지 예가 모두 그런 경우였다. 복제 연구도 초기에는 공적 연구비 지원 중단 같은 조치가 취해지는 듯했지만 지금은 연구자의 양심과 과학계에서 준비한 지침 등을 따르며 조심스럽게나마 연구가 계속되고 있다.

돌리가 태어난 후 3년이 다 되어가던 1999년 5월 27일, 복제 양 돌리의 유전자 말단에 위치한 텔로미어telomere의 길이가 일반적인 3세 양의 것보다 6년치만큼 더 짧은 것으로 밝혀졌다. 복제에 이용한 유선세포가 6세 양의 것이었기 때문이다. 나이가 들면 텔로미어의 길이는 짧아지는데 유선세포를 나이 든 양에서 얻다 보니 생긴 일이었다. 실제로 돌리는 2003년 2월 14일에 안락사당해 지금은 박제로 남아 있다(양의 평균 수명은 10~12년이다).

생명체 복제 기술의 미래

동물 복제, 나아가 사람 복제 연구를 계속 진행해도 되는지에 대해 설왕설래하던 1997년 10월, 개구리 배아 유전자를 조작하자 머리 없는 올챙이가 탄생했다는 보고가 있었다. 복제 기술에 유전자조작 기술을 결합하면 생물의 특정 부위만 생산할 수 있다는 증거가 등장한 것이다.

이듬해인 1998년 5월에는 미국에서 원숭이 2마리의 머리를 서로 바꿔 붙였다는 소식도 전해졌다. 성공이라고 하기 어려운 것은 생존 기간이 불과 몇 시간에 머물렀기 때문이었다. 그러나 인체 어느 부위보다 복잡한 머리를 옮겨 붙였는데 몇 시간이라도 살아남았다는 소식은 충격이 아닐 수 없었다.

무슨 일이든 경험이 쌓이면 기술과 지식도 진보하는 법이다. 이 두 기술이 더 발전하고 함께 시행된다면 머리가 없는 젊은 몸을 준비한 후 내 머리를 옮겨 붙여 젊은 몸으로 살아가는 것도 언젠가는 가능할 것이다. 이런 이야기를 접하면 SF 소설에서나 가능하던 일이 현실이 될 수도 있다는 생각이 들 수도 있다.

돌리가 태어난 이후 연구자들은 동일한 유전자를 지닌 복제 양, 소, 생쥐 등을 생산하는 데 성공했고, 겉보기 나이와 DNA 나이가 달랐던 문제점도 해결되어 정상적인 텔로미어를 지닌 복제 동물을 탄생시킬 수 있게 됐다.

돌리가 태어났을 당시에는 동물을 복제했을 때 암컷만 태어나는 이유를 몰랐지만 지금은 암수를 임의로 선택해 복제하는 일도 가능해졌다. 맛있는 육질을 지닌 소, 우유를 많이 짜낼 수 있는 소 등 복제 기술을 응용한 품종개량 연구도 끊임없이 진행되어왔다.

복제라는 용어에 거부감을 지닌 사람들이 우려하는, 인간의 기억이나 경험까지 완전히 복제하는 일은 여전히 불가능하다. 그러나 원하는 유전자를 골라 새로운 개체에 옮기는 기술은 오래전부터 가능했고, 이제는 특정 유전자를 조작해 개체의 특성을 바꾸는 연구도 진행되고 있다.

복제 연구는 현재진행형이다. 학자들의 호기심을 막을 방법도 없고, 막는다면 영화나 소설에서 보던 이상한 연구자가 등장할 수도 있다. 차라리 가이드라인을 정해 학자들이 그것을 지키면서 안전하게 지식과 정보를 얻을 방법을 찾아야 한다.

이제 멸종된 동물을 복제하겠다는 발표가 〈쥬라기 공원〉이나 SF 소설에서만 가능한 일이 아니라 현실의 일이 될 가능성이 점점 커지고 있다. 인류세(산업혁명 이후 인류가 지구환경에 영향을 주기 시작한 시기부터 현재까지의 시기)에 접어들어 기후 위기 등 다양한 어려움에 직면한 상태에서 인간이 어느 생명체든 복제할 수 있는 기술을 보유하는 것을 위험하게 생각하기보다는 그 기술을 합리적으로 연구하고 활용할 방법을 찾아야 한다.

4
어떤 세포로도 분화할 수 있는
줄기세포

정자와 난자가 만나 수정을 하면 하나의 세포(수정란)가 된다. 수정란은 여성의 자궁에 착상해 40주 동안 아기로 자라난다. 이 과정을 발생이라 한다.

수정란은 모든 종류의 세포로 자라날 수 있으며, 다양한 일을 할 가능성을 지닌 이 세포가 하나의 일만 하는 세포로 바뀌어가는 과정을 분화라 한다. 수정란이 배아기를 거쳐 태아로 자라나는 과정에서 생겨나는 세포는 초기에는 모든 세포로 분화할 가능성이 있지만 그 능력이 차차 감퇴해 태아가 분만될 때 존재하는 미분화세포는 몇 종류의 세포로만 분화 가능하다.

이 미분화세포를 줄기세포라 한다. 분화가 완전히 끝나지 않고 다른 세포로 자라날 가능성을 지닌 세포다. 분화된 세포는 성장이 완전히 끝나 고유의 기능만 할 수 있지만 미분화된 줄기세포는 다양한 가능성을 지니고 있으므로 잘 활용하면 필요한 종류의 세포를 얻을 수 있다.

줄기세포는 태아 때 다수 존재하지만 성체로 자란 후에도 존재한다. 태아의 줄기세포는 배아줄기세포라 하고, 성체가 된 후에도 존재하는 줄기세포는 성체줄기세포라 한다. 배아줄기세포는 장차 하나의 완전한 세포로 성장할 가능성이 있지만 성체줄기세포는 한정된 세포로만 분화할 수 있으며, 체세포줄기세포가 이에 해당한다.

배아줄기세포는 생명체로 자라날 수 있다는 점에서 그 자체를 생명체로 봐야 할지 아닌지 윤리적 판단이 어려울 수 있지만 성체줄기세포는 다 자란 장기에 들어 있는 세포에서 분리하고, 특정 개체로 성장할 가능성이 없으므로 윤리 문제에서 자유로운 편이다.

줄기세포를 이용해 불치의 병을 치료하다

지금은 조혈모세포이식이라는 표현을 많이 사용하지만 과거에는 골수이식이라는 용어를 흔히 사용했다. 골수는 뼈

속에 들어 있는 조직을 가리키며, 여기에서 적혈구, 백혈구, 혈소판이 생산된다. 조혈모세포는 피 속 3가지 세포를 모두 만들어낼 수 있는 어머니 세포(모세포)를 가리킨다. 조혈모세포는 골수에 주로 들어 있지만 말초혈관과 제대혈(탯줄에 들어 있는 혈액)에도 들어 있으므로 조혈모세포이식이라 하면 골수이식보다 더 넓은 범위를 가리킨다.

골수이식은 백혈병 치료법으로 널리 알려져 있다. 백혈구는 인체에 침입한 해로운 미생물을 잡아먹는 식균작용을 담당하며, 이것이 인체 면역기능의 중요한 부분이다. 백혈병은 미성숙 백혈구가 다수 자라나는 병이다.

미성숙 백혈구는 면역기능을 하지 못하므로 수가 늘어나더라도 기능에는 도움이 되지 않는다. 어른들끼리 축구 시합을 하다가 한 팀이 불리해지자 아기를 선수로 대거 등장시키는 것과 같다. 백혈병에 걸린 몸은 백혈구가 잘못된 것을 모르는 상태로, 면역기능이 부족하니 그저 해당 세포를 계속 만들어낸다.

백혈병이 발병했다는 것은 골수가 백혈구를 제대로 생산하지 못하게 됐다는 의미이므로 제대로 기능하는 새로운 골수로 바꿔주어야 한다. 이때 정상적인 백혈구를 생산할 수 있도록 다른 사람에게 조혈모세포를 기증받으면 골수에서 정상인 백혈구와 미성숙 백혈구가 동시에 생산되는 건 아닐까? 답은 "그렇다"이다. 그래서 이식을 하기 전에 방사선으로 병든 조혈모세포를 모두 소멸시킨 후 조혈모세포이식을 시행한다.

조혈모세포는 조금만 기증해도 되므로 주는 사람 입장에서도 별문제가 없고, 받는 사람은 생명을 구할 수 있으므로 조혈모세포이식술은 일찍부터 발전했다. 그러나 지금은 쉬워 보이는 조혈모세포이식이 일반화하기까지 우여곡절이 있었다.

조혈모세포 이식술을 발전시킨 에드워드 토머스Edward Thomas는 1957년에 사람의 골수세포를 백혈병 환자에게 처음으로 투여해 환자를 살리는 데 성공했다. 이 사실이 알려진 후 1958년에 유고슬라비아에서 원자로 사고 피해자들에게 골수세포를 투여한 것이 골수이식 일반화에 크게 기여했고 많은 시술이 이루어졌다. 하지만 공여받은 골수가 생착하지 못해 결과가 그리 좋지는 않은 점이 문제였다.

1960년대는 다른 이식수술도 고비를 맞이했던 때이다. 환자의 면역기능에 의한 거부반응이 가장 큰 이유였고, 그 외에 이식한 세포 수의 부족, 백혈구 항원에 대한 인식 부족 등의 이유가 있었다. 따라서 면역학의 발전과 면역억제제의 개발이 뒤따르면서 해결의 실마리를 찾을 수 있었다. 예를 들어 면역억제, 전 처치, 사람백혈구항원의 항원형이 같은 공여자를 이용하는 것 등의 방법이 있다.

한국에서는 1983년에 각각 재생불량성빈혈과 급성림프구성백혈병 환자를 대상으로 처음 동종 골수이식을 성공했다. 세계적으로 성공률이 높아진 것은 1980년대에 다른 장기이식에서 활용한 면역억제제 사이클로스포린cyclosporin을 이식에 도입하면서부터다. 토머스는 항암제로 사용하는 메소트렉세이트methotrexate를 병용 투여해 이식 후 발생하는 부작용을 크게 줄일 수 있었다.

지금은 큰 병원에서 일반화하다시피 한 조혈모세포 이식은 골수 외에 다른 인체 부위의 조혈모세포도 사용할 정도로 발전했다.

줄기세포의 의학적 활용

한때 우리나라에서 제대혈을 보관하는 회사의 광고를 흔히 볼 수 있던 시절이 있었다. 폐기될 제대혈을 잘 보관해두면 미래에 의학이 더 발전했을 때 제대혈에 들어 있는 줄기세포를 다양한 용도로 사용할 수 있을 거라는 기대를 반영한 광고였다.

현대 의학은 줄기세포를 분리해 성장시키고, 이 기술의 의학적 활용 가능성이 논문으로 발표되는 정도에 머물러 있지만 줄기세포를 사용해 인체의 다양한 장기를 원하는 대로 생산하기 위한 연구가 진행되고 있다.

기술이 어느 정도까지 발전할지 알 수는 없지만 언젠가 줄기세포로 장기를 복제하는 것을 넘어 일부가 손상된 장기를 손상 부위만 제거한 후 그 부분에 줄기세포를 심는 방법으로 복원하는 일도 가능해질 것으로 기대된다.

못 쓰게 된 장기를 갈아 끼워 생명을 구하는 장기이식 방법 중 가장 빨리 개발된 것은 콩팥 이식이다. 콩팥은 사람의 몸에 2개가 있으며 1개를 떼어내더라도 다른 하나가 충분히 기능할 수 있으므로 필요로 하는 사람에게 1개를 제공하는 데 아무 문제가 없기 때문이다. 간처럼 일부만 남아도 재생이 잘되는 경우는 일부를 떼어내 필요한 사람에게 이식하는 방법이 개발되었다. 그러나 조금이라도 떼어낸다는 그 자체로 공여자는 꽤 큰 위험을 감수해야 한다. 특히 사람의 몸에 하나뿐인 심장, 폐, 이자 등의 장기는 떼어내면 목숨이 위태로워진다. 현대 의학에서 하나뿐인 장기를 갈아주려면 뇌사 상태인 환자의 장기기증이 이뤄질 때나 가능한 일이다.

이처럼 장기이식 방법은 많이 발전했지만 공급이 수요를 따라가지 못하는 문제가 있으므로 줄기세포를 이용해 새로운 장기를 만드는 연구가 계속 진행 중이다. 자신의 줄기세포를 보관해두었다가 추후에 필요에 따라 장기 생산 등의 목적으로 사용할 수 있다면 매우 유용할 것이다.

노화에 따른 줄기세포 기능장애를 치료함으로써 노화를 억제하는 연구도 진행 중이다. 사람이 늙으면 여러 면에서 변화를 겪는다. 피부의 결합조직이 감소해 탄성을 잃고 쭈글쭈글해진다. 대사율도 떨어지고, 면역력도 약해지며, 조직의 재생 능력도 감소한다. 그래서 젊을 때와 비교해 미관상 좋지 않고, 질병도 잘 생긴다. 또 노화는 조혈작용을 감퇴시키고, 주변 환경을 변화시켜 줄기세포의 분열과 재생 능력을 떨어뜨린다.

현대인이 줄기세포 치료를 통해 추구하고 기대하는 것은 단순한 수명 연장이 아니라 건강하게 오래 살 수 있는 건강 수명의 연장이다.

줄기세포와 조직공학을 이용한 장기 재생

줄기세포로 어떻게 장기를 재생할 수 있을까?

태아에 있는 배아 줄기세포는 인체의 모든 종류의 세포로 분화할 수 있는 능력을 지니고 있으므로 이론적으로는 모든 장기로 분화 가능하다. 그러나 태아라는 개체로 자랄 수도 있으므로 그 활용이 윤리적으로 문제가 없는지에 대한 의문이 있다. 특히 생명을 중시하는 가톨릭계에서는 배아줄기세포는 사용 불가하며 체세포줄기세포만 활용하자고 주장한다.

우리나라에서는 인공수정을 위해 채취한 배아세포 중 사용 후 남은 폐기 대상 줄기세포만 연구에 사용하도록 한시적으로 허용하고 있다. 또 유산된 태아 조직에서 분리한 줄기세포를 이용한 연구도 한시적으로 허용한다.

성체에 있는 체세포줄기세포는 생명(체로 자라날 가능성)의 손실이 없다는 점에서 윤리적인 문제가 없고, 자신의 세포를 사용하면 면역 거부 반응이 없다는 장점이 있다. 그러나 인체의 모든 세포로 분화할 수는 없으므로 각 장기로 자라날 수 있는 적절한 줄기세포를 채취해야 하는데 그게 쉽지 않다는 것이 단점이다. 지금까지 줄기세포를 이용해 재생

가능하다고 알려진 장기로는 뼈, 물렁뼈, 간, 이자, 근육, 신경 등이 있다.

인체의 장기 재생을 목표로 하는 조직공학 기술을 줄기세포 기술과 결합해 인체의 손상된 장기에서 비롯된 질병을 해결하려는 연구는 우리나라를 포함해 전 세계에서 행해지고 있다. 줄기세포를 이용한 재생 연구 중 근위축증에 대한 연구 결과를 소개한다.

근위축증은 근이영양증이라고도 하며, 근육이 줄어들고 약해지는 질환을 가리킨다. 주로 유전자의 돌연변이로 근육이 정상적으로 발달하지 못하거나 일단 생겨난 근육이 잘 유지되지 못해 발생한다.

1860년대에 이를 발견한 프랑스의 학자 기욤 뒤셴Guillaume Duchenne의 이름을 딴 뒤셴형근위축증Duchenne type muscular dystrophy·DMD은 가장 흔한 근위축증으로 남자에게서 많이 발생한다. 보통 6세 이전에 증상이 나타나며, 자랄수록 점점 진행돼 누워 있거나 앉았다가 일어서는 것이 어렵고, 잘 뛰지 못하며, 뒤뚱거리고, 근육이 뻣뻣해지고 통증을 느끼기도 한다. 태어나서 걷기 시작할 때 부모가 발견하는 경우가 많은데 21세 이후에는 목 아랫부분을 움직이지 못하는 경우가 대부분이다. 결국에는 호흡을 담당하는 근육이 기능을 못해 사망에 이른다.

불치병이라 할 수 있는 DMD를 치료하기 위한 동물 실험에서 골수에서 채취한 줄기세포가 효과를 보였다는 보고가 있다. 정상 생쥐의 골수에서 추출한 간엽줄기세포를 근위축증을 겪는 생쥐의 근육에 이식한 결과 근위축증 생쥐의 근육에서 환자에게서 부족한 디스트로핀이 합성된 것이다. 이렇게 이식된 줄기세포는 골격근으로 분화할 수 있으므로 근위축증을 치료할 수 있을 거라는 기대를 하게 한다.

우리나라에서도 줄기세포 연구는 아주 활발히 이루어지고 있으며, 여러 회사가 줄기세포를 이용한 치료제 개발에 나서고 있다. 병원 내 바이오 벤처로 출발한 한 회사는 DMD를 포함한 근위축증 치료제 개발에 나서서 현재 임상시험을 진행 중이다.

5
모든 것을 바꿀
크리스퍼 유전자가위

2020년 노벨 화학상은 크리스퍼CRISPR를 이용한 유전체편집 방법을 개발한 두 생화학자, 프랑스의 에마뉘엘 샤르팡티에Emmanuelle Charpentier와 미국의 제니퍼 다우드나Jennifer Doudna에게 돌아갔다.

최근 노벨상은 연구 성과의 활용성이 뚜렷이 드러난 경우에 수여되는 일이 일반적이었다. 샤르팡티에와 다우드나의 연구 업적인 크리스퍼를 이용한 유전체편집 기술은 아직 확실한 성과를 보여주었다고 하기는 어렵다. 그럼에도 두 사람에게 노벨상이 수여된 것은 학계에서 크리스퍼를 파급력이 아주 큰 유전공학 기술로 보고, 크리스퍼가 장차 의학을 포함한 다양한 분야에서 활용될 가능성이 클 것임을 확

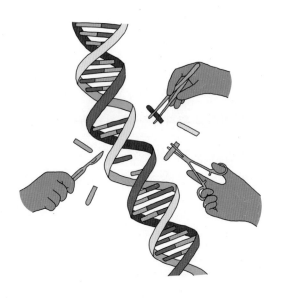

신하기 때문이라고 생각된다.

크리스퍼는 DNA 염기서열을 인식해 특정 부위를 절
단할 수 있으므로 유전자가위라고도 한다. 크리스퍼를 문
자 그대로 번역하면 '간헐적으로 반복되는 회문('기러기',
'madam'처럼 거꾸로 읽어도 같은 단어나 문장) 구조 염기서열 집합
체clustered regularly interspaced short palindromic repeats'라는 뜻이
된다. 크리스퍼는 1987년에 세균 유전체를 연구하던 중에
처음 발견됐으나 그 기능을 알 수 없었다. 그로부터 15년이
지난 후 바이러스의 염기서열이 크리스퍼 유전자 중간중간

에 존재한다는 사실이 알려졌다.

세균이 크리스퍼 유전자를 지니고 있는 이유는 바이러스의 침입을 막기 위해서다. 1장 3절에서 소개한 제한효소만이 세균이 바이러스 퇴치를 위해 지닌 무기로 여겨지던 상태에서 새로 발견한 무기가 크리스퍼다. 크리스퍼의 기능을 응용하면 의학 등 다양한 분야에서 획기적인 변화가 따를 것으로 기대된다.

크리스퍼의 성능은 어느 정도일까?

유전자가위가 유전자재조합을 이용한 클로닝, DNA염기서열결정법, PCR 등과 견줄 만큼 생명과학계의 혁신을 가져올 거라는 주장은 2010년대 초부터 제기됐다. 2013년에 〈사이언스〉지를 필두로 여러 기관에서 유전자가위 기술에 대한 높은 평가가 나오기 시작했다. 크리스퍼 유전자가위가 이렇게 각광받은 것은 아주 정확하기 때문이다.

샤르팡티에와 다우드나가 노벨상 수상자로 선정된 것은 크리스퍼 유전자의 작용 기전을 알아냈기 때문이다. 박테리오파지에게 침입당한 세균은 제한효소를 이용해 DNA를 작은 조각으로 절단한다. 그리고 필요한 조각을 크리스퍼 유전자 사이에 삽입해 저장한다. 그 후에 같은 박테리오파지가 또 침입하면 저장해놓은 정보를 이용해 침입한 바이러스의 DNA 특정 부위를 공격해 잘라버린다.

좀 더 자세히 설명하자면, 세균은 크리스퍼 유전자 사이에 저장해놓은 박테리오파지의 DNA에서 RNA를 생산한다. 이렇게 생성된 RNA는 DNA 절단 기능을 지닌 캐스나인Cas9 단백질과 복합체를 형성한 후 침입한 박테리오파지가 지닌 상보적 DNA에 결합한다. 그러면 Cas9 단백질이 침입한 박테리오파지의 DNA를 절단함으로써 박테리오파지를 처치한다. 백신을 생산하는 것은 아니지만 DNA를 기억했다가 대응한다는 점에서 면역 기능과 비슷하다고 볼 수도 있다.

크리스퍼 유전자 내에 저장되는 DNA는 염기쌍 21개 길이이고, 박테리오파지의 DNA가 아닌 어떤 DNA도 21개짜리를 저장해놓기만 하면 CRISPR-Cas9 시스템이 작동한다. 즉 (가위로) 절단하고자 하는 염기서열 21개를 정해 크리스퍼 유전자 사이에 심어놓으면 그 21개와 같은 염기서열을 인식해 절단할 수 있다.

제한효소의 예에서 볼 수 있듯 DNA를 절단하는 방법은 이미 개발되어 있었다. 제한효소는 4~8개의 DNA를 인식하고, 제2세대 유전자가위 기술인 탈렌TALEN · transcription activiator-like effector nucleases은 10~12개의 DNA를 인식한다. 그러나 크리스퍼(3세대) 유전자는 21개의 DNA를 인식하므로 아주 정확하고, 바이러스 외에 사람과 것과 같은 진핵세포에서도 사용 가능하다.

21개의 DNA를 인식한다는 것은 4개의 염기 중 하나를 선택하는 4분의 1의 확률이 21회 연속되어야 함을 의미한다. 4분의 1을 21제곱하면 약 4조 4,000억 분의 1이 된다. 사람 유전체가 약 30억 쌍임을 감안하면 사람 유전체 내에서 확률적으로는 일치하는 부분이 평균 1개가 채 되지 않으므로 엉뚱한 곳을 절단할 확률이 아주 낮다.

크리스퍼 골드러시

19세기 중엽 이후 미국과 남아메리카의 여러 나라, 남아프리카공화국, 호주와 뉴질랜드 등에서 금을 찾아다니던 사람들이 금광 지역에 몰려들던 현상을 골드러시라 한다. 2012년 이후로 크리스퍼 유전자에 대한 연구 결과가 급격하게 많이 발표되기 시작했으며, 이 기술을 실용화하기 위한 생명공학 벤처회사가 창립되고 투자가 이루어졌다. 이를 '크리스퍼 골드러시'라 한다.

이렇게 크리스퍼 유전자에 대한 연구에 많은 투자가 이루어진 것은 이를 이용한 연구진행이 빠르고 비용이 적게 들기 때문이다. 정확성으로는 지금까지 발견된 유전공학 기술 중 최고 수준인데 비용과 시간이 적게 소요되니 관심을 끌지 않을 수 없었다.

크리스퍼 유전자를 연구하는 이들은 크리스퍼 유전자가 생물학적 금에 해당하는 보물이 될 것이라 여기고 과거에 캘리포니아 광산에서 금을 캐내듯 연구에 몰두하고 있다. 생명의 본질을 구성하는 유전자와 이로부터 만들어지는 단백질을 임의로 조절할 수 있다면 생명현상 자체를 임의로 조절할 수 있기 때문이다.

이렇게 효과가 좋은 CRISPR-Cas9 시스템의 발견은 앞으로 이보다 성능이 더 개선된 방법이 개발될 여지가 있다는 의미이기도 하다. 사람 세포에 쉽게 들어가 질병의 원인이 되는 DNA 부위를 정상으로 수정할 수도 있으니 연구자와 연구비가 몰려들 수밖에 없다.

샤르팡티에와 다우드나의 노벨상 수상을 전후해 특허 전

쟁이 벌어지기도 했다. 이미 2010년대 중반부터 생명공학 벤처회사들이 유전자가위 개발 경쟁에 뛰어들었고, 다른 유전공학 기술과 비교할 때 크리스퍼가 특별히 어려운 기술이 아니라는 사실을 안 유전공학자들이 번득이는 아이디어를 이용해 실용화할 만한 기술을 발견하고자 하면서 벌어진 일이다.

그로부터 지금까지 약 10년의 시간이 지나는 동안 크리스퍼 유전자가위에 대한 연구 성과는 쌓여가고 있고, 실용화 가능성도 점점 커져가고 있다.

눈앞으로 다가온 유전자가위 상용화

지금까지 과학자들은 CRISPR-Cas9 시스템을 이용해 유전체를 편집한 농산물과 곤충을 만들었으며, 사람의 치료에도 이 기술을 응용하고 있다. 예를 들면 낫적혈구빈혈, 유전자 이상으로 발생한 실명과 암을 치료하기 위한 임상 시험이 진행 중이고, 치료제도 시판되기 시작했다.

크리스퍼 유전자가위를 이용한 최초의 치료제는 영국명 카스게비Casgevy, 미국명 엑사셀Exa-cel이다. 미국 FDA의 허가를 받아 2023년 12월 8일(현지 시간)부터 시판된 엑사셀은 낫적혈구빈혈을 치료하기 위한 약이다. 이보다 앞서서 11월에 영국에서 유전자가위 기술로는 세계 최초로 카스게비의 조건부 판매를 허가한 바 있다.

낫적혈구빈혈은 혈색소(헤모글로빈)의 돌연변이로 발생하는 질병이다. 적혈구가 낫 모양으로 변해 산소 전달 능력이 감소하며, 혈관 벽에 부딪혀 깨질 가능성도 커지므로 빈혈이 발생한다. 질병이 진행되면 혈관이 막혀 심각한 문제가 발생할 수도 있다. 통증, 뇌출혈, 심장과 콩팥 기능이 감퇴할 수 있으며, 주기적 수혈 외에 특별한 치료법이 없다. 미국에 약 10만 명, 전 세계적으로 약 500만 명 정도의 환자가 있는 것으로 추산된다.

영국에서는 조혈모세포 이식으로 치료를 받아야 하지만 적합한 줄기세포 기증자가 없는 12세 이상의 낫적혈구빈혈과 베타지중해빈혈 환자를 위해 카스게비를 사용한다. 또 미국에서는 재발성 혈관 폐쇄 위기가 있는 12세 이상의 낫적혈구빈혈 환자에게 사용하기로 했다.

문제는 치료비다. 1회의 치료로 완치를 기대할 수 있다면 편리하겠지만 현재 미국에서는 220만 달러, 영국에서는 100만 파운드가 치료비로 책정되어 있다. 또 치료할 수 있는 병원 수가 적고, 한 곳에서 치료할 수 있는 환자 수도 1년에 10명이 최대로 예상되므로 이 치료제는 아직 환자들에게 큰 도움이 되지는 못하고 있다.

치료 기간에 골수의 기능을 억제하므로 면역이 감퇴하면서 나타나는 부작용을 막기 위해 병원에 입원해야 하고, 특허 문제도 걸려 있어 아직 갈 길이 멀다. 하지만 크리스퍼 유전자가위를 이용해 치료할 수 있는 병이 있다는 것은 다른 희귀 난치병 환자를 위한 새로운 치료법 개발도 기대해 볼 수 있다는 점에서 고무적이다.

현재 크리스퍼 유전자가위를 이용해 에이즈 치료, 육질이 좋은 돼지 생산, 말라리아를 일으키는 모기의 번식 억제 등 다양한 연구가 진행되고 있다. 앞으로 이 유전공학 신기술이 기대대로 의학과 생명과학을 획기적으로 바꾸어놓을지 관심을 가지고 지켜보는 것도 흥미로울 것이다.

유전공학,
어떤 논쟁이 있을까?

1

영화와 소설이 예견한
유전공학 기술

SF 작가라면 빼놓을 수 없는 프랑스의 쥘 베른Jules Verne은 1865년에 지구에서 달로 여행을 떠나는 소설을 써서 우주 여행에 대한 꿈을 펼쳐 보였다. 1873년에 출간한 《80일간의 세계 일주》도 사람들의 시야를 한껏 넓혀주었다.

이렇게 미래를 긍정적으로 바라보는 작품도 있지만 1885년에 영국의 허버트 조지 웰스Herbert George Wells가 쓴 《타임 머신》처럼 미래 인류의 몰락을 그린 작품도 있다. 사람들의 교감신경을 잔뜩 자극했기 때문인지 베른보다 38년 늦게 태어났고, 소설 발표도 훨씬 늦은 웰스를 'SF 소설의 창시자'라 부르기도 한다. 물론 이보다 수백 년 앞선 명나라 때 쓰인 《서유기》에서 손오공이 자신의 털을 뽑아 손오공을 하나 더 만드는 복제 묘기를 보여주었으니, SF 소설은 동양에서 시작됐다고 할 수도 있겠다.

복제 양 돌리가 탄생했다는 소식이 전 세계인의 관심을 끈 이유는 아마도 소설이나 영화의 내용이 현실이 될 수 있음을 보여주었기 때문일 것이다. 그전까지 SF 작품에 등장하는 생명공학 기술은 대부분 끔찍했으므로 작품이 끝나는 순간 "휴" 하고 안도의 한숨을 쉬는 경우가 대부분이었다. 현재 수준을 넘어서는 엄청난 기술과 함께 그 기술을 이용해 사적 이익을 취하려는 인물이 등장하는 작품은 그동안 사람들로 하여금 '이건 너무하잖아!'라는 생각과 함께 기술에 대한 안 좋은 인식을 심어주었다.

그래도 대부분의 작품이 행복한 결말로 끝나는 것에서 볼 수 있듯 뛰어난 기술을 좋은 목적으로 잘 사용하기만 하면 인류에게 큰 도움이 될 것이다.

지능의 우열이 삶의 질을 결정하는 《멋진 신세계》

사람을 대상으로 한 유전공학 기술을 묘사한 소설 중 1932년에 올더스 헉슬리Aldous Huxley가 발표한 《멋진 신세계》가 있다. 이제는 고전 반열에 올라선 이 책의 저자는 유명한 헉슬리 집안의 일원이다. 할아버지는 동물학자이면서 네안데르탈인 연구로 유명한 토머스 헉슬리Thomas Huxley이고, 형은 《진화란 무엇인가Evolution in Action》를 쓴 줄리언 헉슬리Julian Huxley, 동생은 신경세포막에서 일어나는 이온 투과성에 대한 연구로 1963년 노벨 생리·의학상을 수상한 앤드루 헉슬리Andrew Huxley다.

고도로 발달한 과학기술로 사회의 모든 부문을 관리하는 미래 사회를 주제로 한 이 소설에서 저자는 사람들이 '런던 중앙에 위치한 인공부화구'에 보관된 정자와 난자의 기계적 결합으로 수정되고 인공 임신을 거쳐 태어나는 것을 '멋지다'라고 표현했다.

소설 속 사회에서 인간은 인공수정되어 유리병에서 자라난다. 수정란이 지닌 유전형질에 따라 5가지 신분으로 구분되고, 각자의 신분에 따라 하는 일이 정해진 인생을 살아간다. 등장인물들 또한 부모가 누구인지도 모른 상태에서 오로지 지능에 의해 결정된 직업과 지위에 따라 생활한다.

사람들은 정신적인 문제가 생기면 약으로 해결하고, 개인의 특성은 무시당한 채 '과학적' 결정으로 주어진 역할만 수행하는 기계 같은 존재로 전락하고 만다. 사회 구성원들은 자신들의 사회를 유토피아로 여겼지만 외부에서 들어온 이 방인들은 여기에 적응하지 못해 스스로 목숨을 끊는 에피소드를 통해 저자는 과학이 모든 것을 결정하는 과학 만능주의는 디스토피아를 만들고 말 뿐이라는 사실을 지적한다.

소설 속의 인간 복제

지명도는 《멋진 신세계》보다 훨씬 떨어지지만 한 세기도 더 전인 1896년에 웰스는 《닥터 모로의 DNA》를 발표했다.

이 소설에서 주인공인 모로 박사는 인간의 유전자를 동물에 주입해 더욱 우수한 생명체를 만들고자 했다. 이렇게 해서 탄생한 동물 인간Beast Man들은 외모와 지능이 인간과 동물의 중간 단계까지 발달했으며 모로 박사를 아버지로 여기며 살아간다. 하지만 실험 과정에서 벌어진 실수로 동물 인간들이 동물로 돌아가 반란을 일으키고 모로 박사를 살해하면서 모로 박사는 파멸하게 된다.

이 소설은 DNA가 뭔지도 모르던 시기에 오로지 상상만으로 인간과 동물의 접합체를 그려낸 작가의 상상력이 돋보이기도 하고, 과학적 지식의 부족에 의한 한계가 엿보이기도 하는 작품으로 뒤늦게 영화로도 만들어졌다.

미국의 딘 쿤츠Dean Koontz가 쓴《복제 인간 알피》에서 주인공인 복제 인간 알피는 대단한 힘과 자가 치료 능력을 지니고 있으며, 광기 어린 폭력을 휘둘러 인간 사회를 위협한다. 원제가 '살인범Mr. Murder'인 이 소설에서 작가는 과학 문명의 발달이 가져올 폐해를 경고하고 있다(번역 과정에서 제목이 바뀐 것을 보니 출판사에서는 알피가 복제 인간이라는 데 더 매력을 느낀 것으로 생각된다).

　미국뿐 아니라 한국에서도 인기를 누리며 1990년대부터 수십 권의 책이 번역 출간된 안과의사 출신의 스릴러 작가 로빈 쿡Robin Cook이 쓴《복제 인간》(원제는 '쇼크Shock')에서는 난자를 기증한 주인공이 자신의 난자가 어떻게 사용됐는지 추적하는 과정에서 복제 기술이 윤리 문제와 결합되어 쿡의 작품의 특징이라 할 수 있는 스릴러로서의 면모를 아주 잘 보여준다.

　이외에도 인간 복제를 다룬 소설이 다수 발간됐고, 그중에는 국내 작가의 작품도 있다. 그러나 대부분의 책에서 '복제 인간은 인류에게 큰 보탬이 된다'라는 메시지는 전혀 없이 '인간 복제는 막아야 한다'는 결론을 내리게 하는 끔찍한 상황을 다룸으로써 작가의 정의가 오늘날 과학계에서 이야

유전공학 기술을 다룬 소설들.

기하는 정의와 같은지 여부를 떠나 인간 복제가 해서는 안될 일, 도저히 용납할 수 없는 일로 받아들여지게 하는 데한몫을 했다는 생각이 든다.

영화 속의 인간 복제

대니 캐넌이 감독을 맡고 실베스터 스탤론이 주인공으로등장하는 〈저지 드레드〉(1995)는 2139년 지구를 무대로 한다. 드레드는 경찰이자 배심원이며 판관으로 세상을 바로잡는 역할을 한다.

미국의 블록버스터가 흔히 그러하듯 선악의 대결을 그린 이 영화는 사악한 천재 리코의 계략 때문에 추방된 드레드가 리코의 음모를 파악하고, 이를 막는 내용을 담고 있다. 블록버스터다운 규모로 다채로운 볼거리를 제공하는데 악당인 리코가 세상을 지배하기 위해 자신을 복제하는 과정이 스크린에 나타나는 광경이 아주 인상적이다.

세계 지배라는 야심을 품은 악당이 자신과 똑같은 복제 인간을 만든다는 착상이라든가, 고도로 발달한 의학 기술을 접목한 인큐베이터 안에서 복제 인간을 8시간 만에 악당의 나이가 되도록 성장시킨다는 착상, 또 각종 경험과 지식, 기억 등 뇌에 들어 있는 정보를 인큐베이터 속 복제 인간에게 전해줌으로써 유전적, 정신적, 신체적으로 완벽한 복제 악당이 동시에 여러 명 생겨나 야기되는 사회적 혼란에 대한 묘사는 오늘날 우리가 우려하는 인간 복제의 폐단을 가장 잘 표현했다고 할 수 있을 것이다.

단, 이 영화가 만들어진 후 강산이 약 3번이나 바뀌었지만 영화에서 보여준 인간 복제 기술은 현대의 과학으로는 언제 실현될지 예측조차 불가능한, 즉 언젠가는 가능할 수도 있는 일에 불과한 상상 속 세계라는 점을 지적해야겠다.

1975년에 나온 만화를 원작으로 한 이 영화는 2012년에 다시 만들어지기도 했다.

1982년에 개봉한 〈블레이드 러너〉는 〈에일리언〉, 〈델마와 루이스〉, 〈글래디에이터〉 등 수많은 명작을 남긴 리들리 스콧의 작품이다. 제3차세계대전이 끝난 2019년을 배경으로 하는 이 영화에서 지구가 환경오염과 자원 부족에 시달릴 때, 자본가이자 과학자 타이렐은 복제 인간 레플리컨트replicant를 만들어 우주 식민지 개척에 이용한다. 그가 만든 복제 인간은 전투용, 노동용, 암살용, 위안용으로 구분되어 각자의 임무를 수행하는데 어느 순간 반란을 일으키고 지구로 잠입해 타이렐을 찾아가 수명 연장을 요구한다. 타이렐이 이를 거절하자 복제 인간들은 그를 살해하면서 자신들을 만들어낸 과학자를 파멸시킨다.

1997년 개봉한 앤드루 니콜 감독의 〈가타카〉는 기술의 인간적인 면을 담고 있다. 유전자의 기본 단위가 되는 염기의 약자 A, C, G, T를 조합해 만든 제목이 특징인 이 영화의 배경도 각자의 유전자로 신분이 결정되는 미래 세계인데, 열성유전자를 지닌 주인공이 유전자 브로커를 통해 우성유전자를 지녔지만 하반신이 마비된 사람의 유전자를 구입하는 과정이 보는 이로 하여금 다양한 생각을 하도록 만든다. 감독은 선천적 유전자보다 후천적 노력이 중요하다는 메시지를 담으려 한 것으로 보이는데 다른 영화와 비교할 때 유전공학적 내용을 인간적으로 그렸다는 점이 흥미롭다.

이 외에도 여러 영화가 인간 복제를 주제로 하면서 유전자조작 등의 주제도 다루고 있으므로 용어의 정의를 정확히 해두어야 앞으로 어떻게 대처해야 할지에 대해 토론하기가 쉬울 것이다. 〈가타카〉, 〈블레이드 러너〉, 〈닥터 모로의 DNA〉 등은 인간 복제 그리고 그보다 더 큰 사회적 혼란을 초래할 가능성이 큰 유전자조작(재조합)을 다루고 있으며 유전공학 기술은 복제와 유전자재조합 모두를 포함하는 광범위한 영역에 등장한다.

이런 작품들을 보며 우리는 유전공학 지식과 정보를 잘 활용하는 방법에 관심을 기울여야 할 것이다.

2
'태어날' 권리인가, '낳을' 권리인가?

지금까지 유전공학에 대한 내용을 다루면서 핵에 들어 있는 DNA가 단백질 합성에 사용되는 유전자를 구성하는 단위이고, 이 유전자에 변이가 발생하면 엉뚱한 단백질이 생성된다는 이야기를 했다. 미래에는 유전자치료, 유전자편집 등의 기술을 사용해 엉뚱한 단백질이 병을 일으키는 것을 바로잡을 수 있을 것이다.

그런데 유전공학 기술은 이렇게 눈에 보이지 않는 분자 수준의 핵산이나 단백질만 다루는 것이 아니다. 유전공학 기술을 활용하면 불임 부모가 아기를 가지게 해줄 수도 있으며, 아기의 유전형질을 결정할 수도 있다.

원하는 부모에게 아기를 갖도록 해주는 것은 좋은 일이

지만 아기의 유전형질을 결정하는 문제에 대해서는 그래도 되는지 의문을 가질 수 있다. 유전자조작을 통해 근육이 많은 돼지가 태어날 수 있게 된 것처럼 근육질 아기를 태어나게 할 수도 있을 것이고, 로빈 쿡이 쓴 《돌연변이》에 나오는 아기처럼 아이큐가 매우 높은 아기의 탄생을 유도할 수도 있을 것이다.

필자의 학창 시절만 해도 "내 자식 내 마음대로 하겠다는데 웬 난리야"라는 부모가 있었지만 지금은 안 될 말이다. 자식은 부모의 소유물이 아니라 독립된 개체이기 때문이다. 이렇게 세상이 바뀌었는데 태어날 자식의 유전형질을 부모가 마음대로 결정하는 게 바람직한 일일까?

물론 앞에서도 언급했듯 과학기술은 좋은 목적으로 사용한다면 인류에게 도움을 준다. 태아의 유전자 검사 결과 태아가 DMD같은 불치의 병을 겪을 것이 확실한 경우, 아기 삶의 질을 향상시키기 위해서라도 유전자를 바꿔주고 싶어 할 수 있다. 유전공학의 발전은 부모와 아기에게 또 어떤 도움을 줄까?

시험관아기가 자라서 엄마가 되다

아기가 생기려면 부모의 정자와 난자가 만나 수정되어야 한다. 남성의 몸에서 생성된 정자가 여성의 몸에서 생성된 난자로 들어가 수정되는 것이 임신의 시작이라는 사실이 알려진 것은 1843년의 일이다.

그런데 남성의 몸에 해부학적 이상이 생겨 정자가 지나가는 길이 막히면 아무리 정상적인 정자가 생겨난다 해도 난자를 만날 수 없으므로 수정이 불가능하고, 결국 이 두 사람은 아기를 가지지 못하게 된다. 이런 경우 정자를 채취해 시험관에서 난자에 들어가게 한 후 이를 여성의 자궁에 넣어 착상시키면 아기가 정상적으로 자라날 수 있을 것이다.

이와 같은 아이디어를 실현해 아기를 가지지 못하는 부모의 정자와 난자를 인공적으로 수정해 만들어진 아기가 1978년 7월 25일 오후 11시 47분에 영국 맨체스터의 올덤 병원에서 태어났으니, 루이스 브라운Louise Brown이 그 주인공이다.

임신에 대한 연구가 충분히 진행된 까닭에 당시에는 시험관아기 탄생에 대한 기술적 문제를 모두 해결한 뒤였다. 단지 언제 첫 시험관아기가 태어나느냐 하는 것이 문제였고,

이때 미국과 경쟁하던 영국에서 정부가 나서서 시험관아기의 탄생을 적극 지원하며 최초로 시험관아기를 탄생시킨 나라라는 기록을 세웠다. 아기를 출산하는 과정을 동영상으로 남겨놓을 정도였다.

사람의 생명을 다루는 문제인 까닭에 오랫동안 다양한 기술이 신중하게 연구되고 발전했기 때문인지 아기가 태어날 때는 아무 문제도 발생하지 않았다. 브라운은 2004년에 웨슬리 멀린더라는 남자를 만나 결혼했는데 이때 결혼식에 브라운을 시술한 의사인 로버트 에드워즈Robert Edwards도 참석했다. 그녀는 2006년 12월 20일에 캐머런이라는 아기를 출산함으로써 시험관아기 중 가장 먼저 아기를 낳는 기록을 세웠고, 에드워즈는 2010년에 노벨·생리 의학상 수상자로 선정됐다. 노벨상 수상자로 선정됐다는 것은 이 방법이 의학에서 빼놓을 수 없는 보편적인 방법이 됐다는 의미라고 할 수 있다.

우리나라에서는 서울대학교 장윤석 교수의 팀이 1985년 10월 12일에 인공수정으로 임신시키는 데 성공해 이후 제왕절개로 분만한 쌍둥이가 최초의 시험관아기다. 시험관아기 같은 인공수정 방법은 이제 워낙 보편화되어 시설을 갖춘 어느 산과에서든 시술이 가능할 정도로 널리 행해지고 있다.

에드워즈는 1965년 난자를 인공적으로 성숙시키는 방법을 발표했고, 4년 후에는 시험관에서 난자와 정자를 합쳐 수정란을 만드는 데 성공했다. 이 아이디어는 암컷 물고기가 강바닥에 낳은 알 위로 수컷 물고기가 정자를 뿌리는 어류의 번식 방법을 응용한 것이다.

시험관아기 탄생에서 가장 기본이 되는 기술은 여성의 난자와 남성의 정자를 채취하는 기술이다. 정자는 수시로 생산되지만 임신 가능한 여성 난자는 보통 4주 간격으로 1개가 배출된다. 수정 확률을 높이려면 성숙된 난자가 여럿 필요하므로 시술 기관에서는 다양한 방식으로 과배란을 유도하고 호르몬을 주사해 난자를 성숙시킨다.

난자가 충분히 성숙하면 정자를 넣어 수정하게 한 후 수일간 배양한다. 수정란이 분할하면서 정상적인 발생단계에 들어가는지 확인하기 위해서다. 수정란이 잘 자라고 있음이 확인되면 여성의 자궁에 이식해 임신을 진행한다.

시험관 아기 성공률은 시술자에 따라 차이가 있지만 보통 30% 정도다. 한국인의 손이 섬세하다고들 하는데 실제로 우리나라에서는 성공률이 80%에 이를 정도로 높은 경우도 있으므로 세계적 수준이라 할 수 있다.

초기에는 자연적으로 배란된 난자 1개만 사용했으나 지금은 과배란을 유도해 여러 개의 난자를 동시에 사용하므로 아이를 여럿 임신할 가능성이 높다. 그러다 보니 3명 이상의 아이를 임신하는 경우도 드물지 않게 발생하곤 한다. 여러 명을 동시에 임신하면 산모의 건강에 해가 될 수 있으므로 일부 국가에서는 수정란을 자궁 내로 이식할 때 그 수를 제한하고 있다.

이제 인공수정은 아기를 가지고자 하는 부모가 어렵지 않게 시도할 수 있는 기술이 됐다. 인공적으로 임신을 가능하게 한 것도 대단하고, 그 성공률이 아주 높고 부작용이 거의 없다는 것도 참으로 대단한 일이라 할 수 있다.

대리모를 어떻게 받아들여야 할까?

과학수사 드라마 〈CSI 라스베가스〉 시즌 6, 6번째 에피소드에는 대리모에 대한 내용이 나온다. 임신하기 어려운 남녀가 정자와 난자를 채취해 다른 젊은 여성에게 대리모를 부탁했는데 아기를 낳은 대리모가 생각이 바뀌어 그 아기를 직접 키우겠다고 한 것이다. 그 아기의 경우 유전자를 제공한 사람이 진짜 부모일까, 배 속에서 40주 동안 자신을 키워준 사람이 진짜 부모일까?

아기를 가지고 싶어 하는 여성이 임신을 할 형편이 되지 않을 때 대리모가 필요하다. 자궁에 병이 있어 수정란이 아기로 자라날 수 없는 경우나 임신중독증같이 임신으로 목숨이 위태로운 경험을 한 경우 40주에 이르는 임신 기간을 정상적으로 유지하기 어렵다. 임신을 하면 건강에 이상이 생기므로 임신하지 않는 게 최선이지만, 그래도 아기를 가지고 싶은 부모라면 대리모를 구해야겠다는 생각을 할 수 있다.

결론부터 말하면 우리나라에는 대리모에 관련된 법이 마련되어 있지 않다. 즉 대리모를 구하는 것도 가능하고, 수정된 정자와 난자의 주인이 대리모 역할을 해줄 누군가를 찾는 것도 가능하다. 단, 앞에서 예를 든 드라마처럼 아기를 낳은 사람이 자신의 아기라고 주장하면 그 사람의 아기로 인정될 것이다. 법조문이 확실치 않아 재판을 해보기 전에는 답을 알기 어렵지만, 아직까지는 아기의 유전형질이 누구로부터 왔느냐보다는 누가 실제로 아기를 임신해서 낳았느냐가 부모 판정에 더 중요하게 받아들여진다.

참고로 다른 나라에서는 대리모에 관련된 법이 각 나라 사정에 따라 다르고, 연방 국가인 미국의 경우에는 주마다 법이 다르다. 어느 주에서는 대리모 광고가 금지되어 있지만 다른 주에서는 대리모를 구해준다는 광고를 하는 경우도 있다.

몸이 불편해 행정복지센터를 방문하기 어려운 친구를 위해 대신 행정복지센터를 방문하는 친구가 있다면 칭찬을 받을 것이다. 이처럼 임신을 하기 어려운 사람을 위해 대신 임신해주는 것은 칭찬받아 마땅한 일이라 생각할 수도 있다. 그러나 문제는 이것이 간단한 일이 아니라는 점이다.

긴 시간 동안 몸을 잘 관리해야 하고, 40개월 동안 자신의 몸속에서 아기를 키우다 보면 남의 아이인데도 당연히 모성애가 발동한다. 이런 일을 어머니 또는 딸과 같이 혈연으로 맺어진 가까운 사람이 대신 해주면 가족 내에서 아기의 혈연관계를 따지는 데 문제가 생길 수 있다.

또 건강한 타인이 대리모 역할을 하는 경우 대가를 지불하는 것이 자본주의 시대에 당연한 일이겠지만 관련해 금전적 문제가 생길 수도 있고, 긴 임신 기간을 보내던 대리모가 유전적으로 아무 연관이 없는 배 속 아기를 자신의 아기라고 주장할 가능성도 있다. 그렇게 되면 법적, 윤리적 문제가 발생할 수 있다.

대리모에 대해서는 결론을 내리기 어렵다. 다만 임신이 어려운 사람을 도와줄 대책이 없다가 1978년에 인공수정이 처음 가능해졌고, 여기서 한발 더 나아가 대리모를 구해 임신 가능성을 훨씬 더 높일 수 있게 됐다. 의학이 한층 더 발전해 대리모를 구하지 않고도 유전적 어머니가 실제로 임신해 아기를 낳을 수 있게 되는 날이 오기를 기대한다.

맞춤 아기 낳기

어느 가정에 소중하게 키운 아이가 있다고 하자. 외동아이를 키우는 일에 부모는 온 정성을 쏟았다. 그런데 어느 날 이 아이가 심각한 혈액질환에 걸렸다. 지금까지 시도된 모든 치료를 했지만 상태는 호전되지 않았다. 수혈로 겨우 생명을 연장해주는 수준에 불과했다. 근본적 해결책은 조혈모세포 이식뿐이어서 부모의 조혈모세포를 이식하기 위한 검사를 했지만 면역학적으로 적합하지 않다고 판명됐다. 조혈모세포 은행에 등록했지만 적합한 공여자는 찾을 수 없었다.

"선생님, 방법이 없을까요?"

"아주 어렸을 때 잃어버린 일란성쌍둥이가 있다면, 그 아이가 건강하게 자란 모습으로 지금 여기에 나타난다면 얼마나 좋을까요."

슬픔에 잠긴 부모의 질문에 목소리를 낮춘 의사가 읊조린다. 그런데 여기서 부모가 이런 말을 한다면 어떻게 될까?

"우리는 아들을 이대로 잃을 수 없습니다. 아들의 유전체와 똑같은 유전체를 지닌 동생을 낳겠습니다. 그 아이의 유전체는 아들과 똑같으니 조혈모세포 이식에 적합하지 않겠습니까?"

이론적으로 보면 부모의 말이 옳다. 그런데 아들을 치료하기 위해 다른 자식을 하나 더 낳고 부모라는 이유로 그 아이의 조혈모세포를 동의도 받지 않고 사용하는 것이 바람직한 일일까?

아들을 살리는 데는 도움이 되겠지만 부모가 둘째를 마음대로 다루어서는 안 될 것이다. 또 둘째도 똑같은 병에 걸린다면 셋째를 낳아야 하는지의 문제도 생긴다. 죽어가는 아이를 살리는 것도 중요하지만, 그렇다고 치료를 위해 새로운 아기를 만드는 것도 문제이므로 부모는 결정을 내리기가 어려워진다.

만약 첫아기가 태어나기 전에 유전체 검사를 해서 현재 겪고 있는 것과 같은 심각한 혈액질환이 발생할 수 있음을 알았다고 한다면, 그래서 그 질병을 해결할 방법을 찾아 질병이 발생하지 않도록 한 뒤 아기를 낳았다면 이와 같은 고민을 하지 않았을 수도 있다.

질병이 있는 것이 열성, 질병이 없는 건강한 상태를 우성이라 한다면 모든 부모가 우성 유전자를 지닌 아기를 가지고 싶을 것이다. 하지만 태아가 어떤 유전체를 지니고 있는지 검사하고 유전형질을 바꾸는 데는 비용이 소요될 것이다. 그래서 장차 태아의 유전자를 변형할 수 있게 된다면 경제적으로 부유한 부모는 우성유전자를 지닌 아기를 낳고, 그렇지 않은 부모는 검사를 해보지 않고 혹은 유전형질을 바꾸지 않고 아기를 낳았다가 아기가 열성유전자를 지니고 태어나 힘든 인생을 살게 되는 일이 일어나지는 않을지 우려하는 사람도 있다.

물론 '우성'이나 '열성' 같은 용어 자체를 사용하지 않는 것이 바람직하다. 특정 형질을 타고나더라도 처한 상황에 따라 우성과 열성에 대한 판단이 달라질 수 있기 때문이다.

다만 명확한 질병이 있어 사회생활을 하기 어려운 경우에는 그 질병을 예방하고 치료할 필요가 있다.

미래 의학이 어느 정도까지 발전할지는 예견하기 어렵다. 하지만 무슨 기술이든 처음에는 비용이 비싸더라도 보편화되면 적은 비용으로 사용할 수 있는 경우가 대부분이다. 태아의 유전형질을 바꾸는 기술도 당장은 돈이 많은 사람만 사용 가능하겠지만 더 발전하면 국민건강보험의 적용을 받아 누구나 적절한 비용으로 사용 가능할 수도 있다.

현재로는 누군가를 치료하기 위해 예정에 없던 아기를 탄생시키는 것은 인정하기 어려운 일이다. 새로운 생명의 탄생이 가져올 파급효과는 예측하기 어렵다. 예측 불가능한 일을 함부로 벌일 수는 없다. 또 태어날 아기의 자율성을 인정하지 않는 행위를 받아들일 수는 없는 노릇이다.

그러나 어떤 식으로 기술이 발전해가느냐에 따라 판단 기준도 달라질 것으로 예상된다.

새로운 기술은 어떻게 받아들여지는가?

시험관아기에 관련된 기술 자체는 장기간에 걸쳐 형성된 것이므로 개발 과정이 비교적 널리 알려져 있던 까닭에 그

유용성에 대해서는 의문의 여지가 없었다. 단지 2세를 출산해 인류의 생존을 추구하는 과정이 정상적인 임신 과정이 아니라 체외수정에 의해 이뤄질 때 이것이 윤리적인 일인가 하는 의문은 제기됐다.

기독교 사상에 바탕을 둔 서양 세계에서는 성서의 창세기에 나오는 내용과 상충되는 시험관아기의 탄생을 받아들이기 어려워하기도 했다. 아담과 하와가 하나님 말씀을 따르지 않고 선악과를 따 먹고 에덴동산에서 쫓겨난 이래 여성은 자손을 낳기 위해 직접 임신해야 했는데, 그런 면에서 체외수정은 따르기 어려운 일이었다. 그렇지만 시험관아기 기술은 자식을 가지지 못하는 부모에게는 어둠 속의 한 줄기 빛과 같았으므로 비교적 빠르게 보편화됐다.

무통분만도 비슷한 논란을 겪었다. 전반적으로 지금보다 신앙심이 훨씬 깊었던 19세기 영국에서 무통분만이 도입되자 이것이 합당한 일인가에 대한 의문이 제기됐다. 그러자 무통분만을 성공적으로 수행한 산부인과 의사 제임스 심프슨James Simpson은 이렇게 대답했다.

"통증은 하나님의 뜻이 아니다. 창세기 2장 21절에 '여호와 하나님께서 아담을 깊이 잠들게 하신 후 아담의 갈빗대를 하나 뽑아'라는 구절이 나오는데 아담이 통증을 느낀다는 표현이 어디에 있는가? 수술 시 마취법을 처음 실시한 분이 바로 하나님이다. 이래도 하나님께서 마취를 반대하신다고 할 것인가?"

사실 역사를 돌이켜 보면 논쟁의 결과는 확실한 이론적 근거에 의해 결정되기보다는 사람들이 살아가는 데 어떤 방법이 더 편리한가에 따라 판가름 나는 경우가 많다. 콜레라가 식수 때문에 발생한다는 사실을 발견한 공중보건학의 아버지 존 스노John Snow는 빅토리아 여왕이 베아트리체 공주를 분만할 때 클로로포름을 이용한 무통분만을 성공적으로 수행했고 심프슨의 뒤를 이어서 무통분만의 보편화에 크게 기여했다.

생활의 편의성을 따라 받아들여진 기술의 다른 예로 유전자재조합을 들 수 있다. 앞에서도 언급했듯 1973년에 미국의 스탠리 코언과 허버트 보이어는 서로 다른 두 유전자를 조각낸 후 서로 바꿔 붙이는 실험에 성공했다. 이 직후 보이어는 제넨테크를 창립하고 유전자재조합 기술을 이용해 인슐린을 대량 생산했다. 이것이 유전자재조합 기술을 이용한 의약품 개발의 시초다.

그러나 GMO가 도처에 널려 있는 지금도 유전자조작에 대한 논쟁이 제기되고 있는 만큼 당시에는 이런 기술을 사용해도 되는지 더 많은 의문이 제기됐다. 1973년에 처음 유전자재조합 기술이 소개되자 생명현상의 원천이 되는 유전자를 어느 정도까지 조작해도 되는지, 이 세상에 없는 유전자를 만들어내면 예상치 못한 변이체가 발생해 생명현상을 뒤흔들어놓는 것이 아닌지 의문이 제기됐다.

의문을 해결하기 위해 세계적인 과학자들이 1975년 2월에 캘리포니아 아실로마 해변에 모여 유전자재조합 기술에 대한 논쟁을 벌였다. 자외선에 의한 유전자조작법을 발견해 1980년 노벨 생리·의학상 수상자로 선정된 폴 버그가 이 모임을 주도했는데 안전성이 담보될 때까지 제한적으로만 유전자재조합 연구를 진행하자는 결론을 내렸다. 이때 참석한 과학자들이 연구 가이드라인을 제시했고, 그로부터 약 40년이 지나는 동안 과학자들 스스로가 영화나 소설에 등장하는 극단적인 연구를 자제하면서 생명과학 분야를 발전시켜왔다.

3
GMO와
유전자 도핑

유전공학의 발전은 질병의 진단, 예방, 치료에 모두 도움을 줄 수 있다. 그렇다면 실제로 유전공학 기술을 응용해 우리 주변에서 흔히 접하는 것을 개량할 수는 없을까?

인종별, 민족별로 유전자에 차이가 있다는 사실은 널리 알려져 있다. 마라톤의 경우 과거에는 자질을 지닌 사람이 열심히 훈련하면 정상에 설 수 있다고 생각했지만 지금은 유전적으로 마라톤에 적합한 사람들을 선택해 훈련을 시킴으로써 신기록을 세울 가능성을 훨씬 높인다. 세계 유명 마라톤 대회에서 케냐와 에티오피아 선수들이 우수한 성적을 내는 것에서 이 사실을 짐작할 수 있을 것이다.

우성유전자를 지닌 아기를 탄생시키는 것에 대해 앞에서

기술했으니 특정한 일을 잘할 수 있는 사람을 만드는 것도 가능하리라 생각할 수 있다. 그런데 태어날 때부터 특정 능력을 갖춘 아기를 태어나게 하는 게 아니라 유전자치료제를 복용하듯 후천적으로 성인이나 청소년에게 뭔가를 시도함으로써 그들의 유전형질을 바꿀 수도 있을까? 또 식재료의 유전자를 변형시켜 몸에 좋은, 또는 더 맛있는 음식을 제공할 수 있을까?

유전공학의 세계에서는 생명과 관련된 어떤 일도 일어날 가능성이 있다. 이렇게까지 유전공학이 가까이에 있다면 우리가 잘 인식하지 못하는 상태에서 유전자를 변형시킨 결과물을 접했을 수도 있을 것이다. 정말 그럴까?

정답은 '그렇다'이다. 이미 유전자재조합을 통해 인슐린을 생산한다고 소개했는데 유전자재조합이 바로 유전자를 조작하는, 조금 더 점잖게 이야기하자면 유전자를 변형하는 대표적인 방법이다. 약은 물론 우리가 수시로 접하는 식품 중에도 유전자변형식품GMO이 있다. 이제는 어떤 분야에서든 유전자변형 기술이 활용되는 상황이다.

우리 곁에 있는 GMO

〈CSI 마이애미〉 시즌 8, 5번째 에피소드는 응급실에 실려 온 젊은 여성이 응급처치 중 사망하는 것으로 시작한다. 이 여성을 데리고 온 남자 친구는 프러포즈할 때 사용할 반지를 가지고 있었지만 살인 혐의로 조사를 받게 된다. 그런데 조사를 받는 도중 그 역시 목숨을 잃는다.

수사 결과 여성은 음식점에서 섭취한 음식에 포함된 맹독성 대장균에 의해 식중독으로 목숨을 잃었고, 남자 친구는 신경에 독으로 작용하는 단백질을 합성할 수 있는 유전자를 지닌 옥수수를 먹고 신경독에 의해 사망한 것으로 판명됐다. 옥수수가 GMO였던 것이다.

이 에피소드에서처럼 GMO에는 부정적 이미지가 많다. 유전자를 조작해 식재료의 형질을 바꾼 음식에 혐오감을 느끼는 사람들이 있다. 그런데 유전자를 조작한 음식을 전혀 먹지 않는 것은 불가능에 가깝다. 그만큼 GMO가 우리 사회에 널리 퍼져 있기 때문이다.

앞에서 소개한 드라마에서는 옥수수를 개량하는 과정에서 신경독을 합성할 수 있는 유전자가 들어갔다고 가정했다. 옥수수는 쌀과 밀 다음으로 전 세계인이 흔히 섭취하는 농산물인데 이미 유전자변형 품종이 유통되고 있다.

GMO를 피하기 어려운 가장 큰 이유는 식물을 재배하기 위해 사용하는 종자 자체가 변형된 유전자가 들어간 채 유통되기 때문이다. 우리가 매일같이 먹는 된장을 만드는 메주에 사용하는 콩의 종자가 미국에서 수입된 GMO라는 이야기를 들으면 유전자조작이 남의 일이 아니라는 사실을 쉽게 이해할 수 있을 것이다.

1997년 말 전 세계를 강타한 경제 위기는 우리나라에도 위기를 불러왔다. 국제통화기금IMF에서 돈을 빌려야 하는 상황을 맞아 우리나라 종자 회사들은 다국적기업에 인수되어 사라지다시피 했고, 농민들은 외국 회사에서 종자를 구입해야만 했다. 문제는 종자를 취급하는 거대한 다국적기업이 유전자변형 종자를 공급했다는 것이다. 그 결과 우리나라에서 유전자가 변형되지 않은 우리 고유의 콩이나 두부를 찾는 것이 불가능해졌다. GMO를 싫어하는 건 자유지만 피할 수는 없게 되었다는 현실을 받아들여야 한다.

우리나라는 쌀을 제외한 다른 곡물의 자급률이 아주 낮다. 그래서 여러 작물을 수입해야 하는데 2022년에 GMO 수입량은 1,100만 톤을 넘어섰고, 금액으로는 42억 달러를 기록했다. 특히 동물 사료용 식물은 유전자변형된 것이 대부분이다. GMO 수입률 1, 2위를 차지한 것은 사료용 옥수수(922만 톤)와 식품용 콩(99만 톤)이었다.

유전자조작 식품보다 유전자'변형'식품, 유전자'재조합' 식품이 나을까? 유전자를 변형하기 위해 유전자를 조작해야 하므로 유전자조작식품과 유전자변형식품이라는 용어는 같은 의미로 사용된다. 유전자를 조작하고, 변형을 일으키기 위해 가장 널리 쓰이는 방법이 재조합 기술이므로 유전자재조합식품도 거의 같은 뜻이다.

GMO는 안전한가?

자연에서 생겨난 것이 반드시 좋은 것은 아니다. 독버섯처럼 자연에서 자라나는 것 중에도 사람에게 해로운 것이 얼마든지 있다. 유전자를 변형했다는 것은 사람에게 좋은 유전자로 바꾸었다고 생각하면 된다. 음식을 조리할 때 음식에 붙어 있는 미생물 병원체를 제거하는 과정이 포함되듯 유전자변형도 더 좋은 음식을 얻기 위한 과정으로 생각할 수 있다.

유전공학이 한창 발전하던 시기에 사람들은 가축과 농작

물의 유전체 개량 기술이 비약적으로 발전해 바람직한 신품종을 개발할 수 있을 것이라 기대했다. 실제로 육질이 좋은 소나 돼지를 생산할 수 있게 됐고, 포화지방산 비율을 낮춘 콩을 만들 수도 있게 됐다. 건강을 유지하는 데 필요한 비타민과 무기염류를 더 많이 함유한 농산물을 생산하는 것도 가능하다. 예를 들면 사람 몸 안에서 비타민 A로 변하는 베타카로틴을 함유한 황금쌀은 시력 향상 효과를 발휘한다.

물론 미국 드라마의 예에서 본 것처럼 예상치 못한 유전자변형으로 사람에게 피해를 입히는 음식이 생겨날 수도 있다. 그렇기 때문에 GMO의 안전성을 확보해야 한다. 새로운 GMO가 제조됐을 때 안전하다는 것이 확인될 때까지 섭취하지 않는 것이 옳은가? 아니면 안전하지 않다는 것이 확인될 때까지 섭취하는 것이 옳은가?

얼핏 보기에는 전자가 옳은 것 같지만 안전을 확인한다는 건 쉽지 않은 일이다. 얼마나 많은 양의 음식을 얼마나 오래 섭취했을 때 특별한 문제가 발견되지 않아야 안전하다고 할 수 있는지 명확하지 않기 때문이다. 미국처럼 자본주의가 발달한 나라에서는 적당한 기준을 정해 그 기준에 맞기만 하면 일단 사용해보고, 문제가 발견되면 기준을 바꾼다. 따라서 조금만 신경을 덜 쓰면 일상에서 식중독이 발생할 수 있는 것처럼, 미국에서 유통되는 GMO는 부작용을 유발할 가능성이 없다고 할 수 없는 상태다.

아직까지는 비용과 안전성에 대한 문제 때문에 GMO가 활발하게 제조되고 있지는 않지만 인간 유전체 프로젝트가 완성된 지금 식물이든 동물이든 다른 유전체에 대한 프로젝트가 이루어지면 유전자변형 기술을 통해 식품 생산에도 새로운 시대가 열릴 것이다. 어차피 GMO는 우리 곁에 언제나 있는 만큼 식품의약품안전처 같은 관련 당국에서 철저히 관리해주기를 기대한다.

유전자 도핑 시대가 온다

스포츠 경기에서 국제적으로 금지 약물을 지정하고 이를 검사하기 시작한 것은 1968년의 일이다. 호르몬을 합성할 수 있게 되면서 1930년대부터 1950년대까지 선수들의 약물 사용에 대한 의심 사례가 늘어나던 중 1960년 로마올림픽 사이클 종목에 출전한 덴마크 선수가 마약의 일종인 암페타민amphetamine을 투여했다가 발각되는 일이 발생했다.

1998년에는 투르 드 프랑스Tour de France에 참가한 선수들이 무더기로 빈혈 치료제로 사용되는 적혈구생성소(에리스로포이에틴erythropoietin · EPO)를 복용했다가 발각됐다.

투르 드 프랑스는 매년 7월에 매일 프랑스를 돌면서 펼쳐지는 장거리 싸이클 경기인데 3주 이상 약 4,000km를 달려야 한다. 저녁 뉴스 시간에 오늘의 우승자와 함께 그날 기준 통합 우승자를 상세히 알려줄 정도로 프랑스는 물론 유럽 전체에서 아주 인기 있는 경기다. 이 대회에서 7연패를 달성한 랜스 암스트롱Lance Armstrong은 고환암이 발견되었다가 회복한 후 뉴욕 마라톤 대회에서 3시간이 안 되는 기록으로 완주함으로써 인간 승리라는 찬사를 받았지만 뒷날 금지 약물 복용을 시인했다. 1998년 이후 그의 모든 기록이 삭제됨으로써 투르 드 프랑스 7연패 기록도 사라져버렸다.

EPO는 적혈구 생성을 촉진하는 단백질이다. 적혈구는 산소운반 기능을 하므로 적혈구가 많다면 산소운반 능력이 높아지고 결과적으로 피로를 덜 느끼며 특히 지구력이 필요한 경기에서 경기력을 향상시킬 수 있다. 1964년 동계 올림픽 크로스컨트리에서 금메달을 획득한 핀란드의 에로 맨튀란타Eero Mäntyranta의 EPO 생산 능력이 아주 뛰어나다는 사실이 알려진 후 많은 운동선수가 경기력을 향상시키기 위해 EPO를 사용해왔다. 실제로 효과도 꽤 좋아서 투르 드 프랑스 경기에서는 1998년 이전부터 이를 사용한 선수들이 있다는 사실이 알려진 바 있다.

1998년의 사건 이후 국제올림픽위원회가 전 세계적으로 도핑에 관여하는 모든 기관을 관리할 수 있는 국제기구 창설을 추진해 1999년 11월 10일에 세계반도핑기구World Anti-Doping Agency·WADA가 설립됐다. WADA는 2000년 시드니 올림픽 때부터 국제경기의 도핑 검사를 담당하고 있다.

지금의 도핑 논의는 한발 더 나아갔다. WADA는 2000년 대에 접어들어 '유전자 도핑'에 대한 목소리를 내기 시작하다가 2005년에는 스웨덴에서 유전자 도핑에 관한 선언을 하기도 했다. 이에 앞서 세계적인 과학 학술지 〈사이언티픽 아메리칸Scientific American〉지 2004년 7월호에는 펜실베이니아 의과대학 리 스위니Lee Sweeney 교수가 쓴, 유전자 도핑과 IGF-1 유전자 주입에 의한 근육 강화 효과에 대한 글이 게재됐다.

매릴랜드대학교 스티븐 로스Stephen Roth 교수는 2008년 베이징 올림픽을 앞둔 시점에 EPO, IGF-1 외에도 성장호르몬, PPAR-델타, 마이오스타틴, 미토콘드리아-OXPHOS 등이 경기력을 강화하기 위해 사용될 가능성이 있으며, 앞으로 의학계에서 유전자치료법이 발전함에 따라 수많은 유전자가 질병 치료가 아닌 경기력 강화를 위해 사용될 수 있으므로 대비가 필요하다고 발표하기도 했다. 이제는 본격적으로 유전자 도핑을 준비해야 한다는 사실을 보여준 예라 할 수 있다.

이론적으로 근육을 강화할 수 있는 단백질이 많이 생산되도록 하려면 이 단백질을 합성할 수 있는 정보를 지닌 유전자를 주입하면 된다. 유전자 정보를 이용해 단백질을 합성하는 과정에 여러 가지 다른 단백질과 RNA가 관여하기는 하지만 현대 과학은 이런 것들까지 연구자가 어느 정도 조절할 수 있는 수준에 이르렀으므로 유전자를 주입해 특정 단백질을 합성하게 함으로써 경기에서 좋은 성적을 내게 하는 것이 가능해질 것이다.

그렇다면 운동선수가 특정 유전자를 자신의 몸에 주입해 실제 이상으로 경기력을 발휘해 다른 선수들을 능가하는 것을 그냥 두어야 할 것인가? 대답은 당연히 '아니다'이다. 이런 유전자조작을 방지하기 위해 특정 선수가 유전자를

인위적으로 자신의 몸에 주입했는지 확인해야 한다는 이야기가 국제적인 스포츠 관련 회의와 학회 등에서 쏟아져 나오고 있다.

이처럼 질병을 치료하기 위해 연구된 유전자 요법이 운동선수의 불법적인 경기력 향상을 위해 사용될 가능성이 높아져가고 있으며, 이를 막기 위한 유전자 도핑이 장차 큰 대회가 개최될 때마다 새로운 뉴스를 생산해낼 듯하다.

4
유전자만으로
설명할 수 없는 것들

큰 키와 작은 키 중 어느 쪽이 우성인가?

키가 큰 것이 유리한 스포츠 선수가 아니더라도 보통은 키가 큰 형질을 우성이라 생각하기 쉽다. 그러나 우성과 열성은 상황에 따라 달라진다.

친척 모두 키가 커서 확률적으로 키가 클 가능성이 있는 아기가 영양결핍으로 자라나는 경우와 친척 모두 키가 작아서 확률적으로 키가 작을 가능성이 있는 아기가 영양을 충분히 섭취하는 경우 어느 편이 키가 더 클지 예측하기 어렵다. 유전자만으로 키에 대한 모든 것을 설명할 수 없기 때문이다.

리처드 도킨스Richard Dawkins는 30대 중반에《이기적 유전자》를 통해 생명체는 유전자에 의해 창조된 기계일 뿐이라 주장했다. 그에 따르면 우리는 유전자를 후손에 남기기 위해 유전자가 타고 다니는 자동차에 불과할 뿐이다.

유전자는 자신을 보존하기 위해 생명체를 조종한다고 보는 도킨스는 환경 요인을 낮게 취급하고 유전 요인을 높이 취급한다. 그런데 유전자가 많은 것을 알려주기는 하지만 생명의 오묘함에는 단일 유전자 이상의 것이 있다. 예를 들어 유전자를 연구할수록 특정 질환의 원인이 특정 유전자 하나만이 아니라 다양한 유전자, 혹은 환경이 관여한 결과라고 알려진 경우가 많다.

질병의 원인이 유전자 때문이라고?

어떤 아기가 처음 태어났을 때 심장박동 시 나타나는 심전도 검사에서 이상 소견이 발견됐다고 해보자. 의사가 "유전자 이상으로 발생하는 브루가다증후군입니다"라고 이야기할 경우 부모는 익숙지 않은 병명에 심각한 병이면 어떻게 하나 우려할 것이다. 브루가다증후군 환자는 심박동이 일정하지 않으며 이로 인해 갑자기 사망할 수도 있다.

이 병의 원인을 찾기 위해 노력한 학자들은 SCN5A라는 유전자변이가 원인 중 하나임을 알아냈다. SCN5A에 발생하는 유전자변이는 160가지 이상이 알려져 있다. 그렇다면 어떤 변이가 생겼든 유전자치료를 하면 될 것이다.

문제는 현재 해당 유전자치료법이 개발되지도 않았고, 전체 환자 중 SCN5A 유전자의 변이가 발견되는 경우는 20% 정도에 불과하다는 것이다. 그렇다면 나머지 80%의 환자는 어떤 이유로 발병한 것일까?

2007년에 브루가다 증후군을 일으키는 원인으로 GPD1-L 유전자의 변이를 지목하는 논문이 발표됐다. GPD1-L 유전자 이상은 다른 심장 질환과 영아돌연사증후군과도 연관이 있을 가능성이 제시되어 연구자들의 관심을 끌고 있다.

이렇게 질병과 연관성이 있는 유전자를 발견하고 그 기능을 규명하는 일은 질병 치료에 바람직한 일이다. 하지만 유전자만으로 설명 불가능한 질병도 많이 있다. 위기 상황에 처했을 때, 혹은 꾸준한 노력으로 놀라운 힘을 발휘하는 사람들을 생각해보자. 그 한계를 예측조차 하기 힘든 상태에서 후천적으로 변화 가능한 인간의 능력을 유전자에 따라 한정 짓는 것은 바람직하지 않은 일이다.

아무리 도킨스가 유전자의 중요성을 강조해 주목을 끌

었더라도 스티븐 제이 굴드Stephen Jay Gould, 리처드 르원 틴Richard Lewontin, 린 마굴리스Lynn Margulis 등의 생물학자들은 '유전자 결정론' 또는 '유전자 환원주의'를 반대했다. 굴드는 유전자 외에 세포의 계통, 군집, 종 등을 중요하게 취급해야 한다고 주장했고, 르원틴은 상호 의존적인 유전자와 환경의 효과를 강조했으며, 마굴리스는 공생 진화를 중요 개념으로 내세웠다.

유전체가 변화하는 과정을 연구하는 후성유전체학이라는 학문이 대두한 것도 태어날 때부터 지니고 있는 유전자의 한계를 보여주는 예다.

비만은 유전인가, 환경인가?

체중이 늘어 비만에 이르는 것은 음식으로 섭취하는 칼로리가 운동 등으로 소모하는 칼로리보다 많기 때문이다. 음식을 과다하게 섭취하면 음식에 함유된 탄수화물이나 지방이 몸에 저장되므로 살이 찐다.

인류 역사에서 먹을 것이 충분했던 시기는 기껏해야 제2차세계대전 이후다. 그전에는 먹을 것이 부족해 다음에 음식을 섭취할 때까지 긴 시간을 보내야 했다. 사람들은 음식이 보이면 얼른 먹은 후 소화를 통해 영양소를 분해한 다음 체내에 저장해 필요할 때 꺼내 사용했다. 마치 사자가 얼룩말을 사냥해 충분히 먹고 나면 일주일간 아무것도 먹지 않고도 버틸 수 있는 것처럼 사람의 몸도 긴 시간을 먹지 않고 버틸 수 있도록 영양소를 저장하는 능력을 갖춰놓았다. 하루 종일 농사와 사냥 등 일을 하고, 먹을 것이 부족했던 과거의 생활환경에 적응한 몸은 현대에도 그대로 유지되고 있다.

음식을 저장하는 것도 능력이고, 그 능력은 주로 단백질에서 나온다. 과다하게 섭취한 음식을 저장하려면 음식을 소화할 효소, 소화되어 생겨난 영양소를 인체 내부로 흡수하는 운반단백질 등 다양한 단백질이 필요하다. 따라서 비만과 연관성을 띠는 유전자가 있을 거라는 추측은 유전공학자(생명과학자)에게는 상식 같은 내용이다.

비만과 관련 있는 유전자는 지금까지 FIT, Adp 등 여러 가지가 발견됐다. 이전에는 대부분 섭취하는 음식의 양을 조절하는 과정에서 영양소 공급이 소비보다 많다는 식으로 비만 발생 기전을 설명해왔다. 그러나 똑같이 운동을 했는데도 누구는 살이 빠지고, 누구는 살이 빠지지 않는 경험을 한 사람들은 뭔가 선천적인 요인이 작용하고 있으리라고 생각했다. 그러던 차에 선천적으로 비만과 관련이 있을 것으로 예상되는 유전자가 발견됐으니 사람들에게 "어차피 내 몸은 살이 찌게 되어 있으니"라며 포기할 명분이 생긴 셈이다.

지금은 우리나라에서 보릿고개라는 말이 사라졌지만 불과 두 세대 전만 해도 보릿고개는 엄연한 현실이었으며, 인류의 탄생 이후 수십만 년간 계속된 현상이었다. 약간의 여유만 있으면 영양분을 저장하던 시절에는 21세기 인류에게 영양과다가 문제가 될 것이라고는 예측하지 못했다. 영양분을 몸속에 저장하는 쪽으로만 진화하면 되는 줄 알았는데 갑작스러운 생활환경의 변화로 우리의 진화는 각종 생활습관병을 발생시키게 되었다.

비만과 관련 있는 유전자가 계속 발견되는 만큼 비만에서 환경의 영향을 무시할 수 있을까?

우리 조상들과 오늘날의 인류가 서로 다른 유전자를 지니고 있다는 증거는 없다. 즉 같은 비만 유전자를 선천적으로 지니고도 수백 년 전보다 오늘날 비만 환자가 훨씬 많은 이유를 설명하려면 환경 요인을 빼놓을 수 없다. 유전자에 문제가 있다 해도 환경 개선과 개인의 노력으로 질병의 발생 요인을 얼마든지 줄일 수 있다. 유전자를 탓하기 전에 각자의 건강은 각자가 지키기 위해 노력해야 할 것이다.

유전자치료가 오히려 독이 될 때

적혈구에 들어 있는 혈색소는 숨을 쉴 때 들어온 산소를 혈색소 중앙에 있는 철과 결합시켜 필요로 하는 조직에 전달해준다. 혈색소는 입체구조를 띠는 α-글로빈과 β-글로빈 사슬이 2개씩 모두 4개가 모여 있는 단백질이다. β-글로빈을 구성하는 아미노산 중 6번째 아미노산인 글루탐산이 발린으로 바뀌면 혈색소는 산소운반 기능을 제대로 하지 못하게 되고, 적혈구는 정상적인 둥근 모양이 아니라 초승달 모양으로 바뀐다. 그러면 적혈구의 산소운반 능력이 떨어져 빈혈이 생긴다. 이와 같은 경로로 발생하는 빈혈병을 낫적혈구빈혈이라 한다.

낫적혈구빈혈은 때로는 생명을 위협할 수 있는 무서운 병이지만 진화론적으로는 말라리아의 위협에서 벗어나기 위해 생겨난 현상으로 여겨진다. 우리나라에서 주로 약을 먹으면 해결되는 삼일열말라리아가 발생하는 것과 달리 열대

지방에는 목숨을 앗아갈 수 있는 치명적인 열대열말라리아
가 존재하기 때문이다.

말라리아는 모기가 사람을 물 때 원생생물의 유충이 피
속으로 들어와 적혈구에 기생하면서 자라는 것이 원인이다.
유충이 성충으로 자라난 후 적혈구를 탈출하면서 증상을
일으키며, 열대열말라리아가 심한 경우에는 사망에 이르기
도 한다.

반면 낫적혈구빈혈 환자가 말라리아에 걸리면 대부분 빈
혈 증상만 나타나는데 말라리아 유충이 들어와도 적혈구가
깨질 때 피 속으로 노출되어 더 이상 자라지 못하고 죽게 되
기 때문이다. 결과적으로는 비정상 적혈구가 말라리아 예방
효과를 발휘하는 것이다.

열대지방에서 치명적일 수도 있는 열대열말라리아를 해
결하기 위해 인류가 진화 과정에서 획득하게 된 능력이 낫
적혈구빈혈이라는 질병이라는 것이 특이한 점이다. 단 하나
의 염기서열 변이가 일으킨 이 병을 해결하기 위해 유전자
치료를 시도한다면 어떻게 될까?

빈혈 증상을 없앨 수는 있겠지만 열대열말라리아에 걸려
생명의 위협을 받을 확률은 커진다. 따라서 낫적혈구빈혈

유전자치료는 열대열말라리아가 만연하지 않은 지역에서 환자가 발생했거나 모기 박멸같이 열대열말라리아에 대한 해결책이 마련된 후에나 적용할 수 있는 방법이다. 이와 같은 정보는 아직까지 엄청난 비용이 소요되는 유전자치료법을 시행하기 전에 감안해야 할 요인이 더 많다는 점을 알려준다.

5
나의 유전자에
점수가 매겨진다면?

사람 유전체를 책으로 비유하면 DNA는 글자라 할 수 있다. 글자 하나하나에는 특별한 의미가 없지만 그 글자가 모이면 단어와 문장이 되고, 이들이 더 모이면 심오한 뜻을 지닌 글이 된다. 물론 아무 의미 없는 글자의 나열이 될 수도 있다.

DNA가 모여서 이루어진 유전체에는 유전과 관련된 모든 생명 정보가 담겨 있다고 하지만 유전체 중 특정 단백질을 직접 만드는 데 필요한 유전자는 1~3% 정도에 불과하다. 그렇다면 유전체 대부분을 차지하는 나머지 97~99%는 어떤 역할을 할까? 또 다른 동물보다 크게 나을 게 없는 사람의 유전체가 어떻게 고유한 기능을 할까?

이런 의문에 대한 답은 학자들이 찾아낼 것이라 믿고, 생명의 책인 유전체를 어떻게 활용할지 생각해보자.

유전자교정 또는 유전자편집을 통해 이미 결정된 유전정보를 개선하고자 하는 경우 '생명의 책을 고쳐 쓴다'라고도 한다. 생명의 책인 유전체를 인간의 능력으로 고쳐 쓸 수 있다면 잘못된 문장을 교정하는 정도를 넘어 각자가 원하는 문장을 마음대로 삽입해 훨씬 더 좋은 책을 만들고자 하는 유혹을 느낄 수도 있을 것이다. 그렇다면 머지않은 미래에 부모들이 자녀를 낳을 때 180cm 이상으로 키가 자라날 수 있어야 한다거나 지능지수IQ가 140 이상이어야 한다는 식의 요구 사항을 반영한 유전자를 자녀의 유전체에 삽입하려 할 수도 있을 것이다.

초등학교에 진학하기도 전에 영어, 한문, 음악, 미술 등을 가르쳐 또래 아이들과의 경쟁에서 앞서나갈 수 있도록 철저히 준비시키는 한국 부모들이 생명의 책을 교정해 선천적으로 경쟁력 있는 아이를 만들고자 하는 유혹에 저항할 수 있을까?

우생학이란 무엇인가?

우생학eugenics은 우수한 사람들은 자식을 낳고, 열등한 사람들은 자식을 낳지 않게 함으로써 인구 집단의 능력을 향상시키는 방법을 다루는 학문이다. 유전에 대한 개념이 확실치 않았던 선사시대에도 사람들은 경험적으로 자식이 부모를 닮는다는 사실은 알고 있었으므로 더 나은 형질을 지닌 종족을 만들고자 하는 욕구가 있었다. 브라질 지역에 살고 있던 원주민 일부가 선천적 기형을 지닌 아기를 살해한 것이 그 예다. 플라톤을 비롯한 유명 학자들 중에도 선택적 교배를 통해 우수한 인구 집단을 만들어보겠다는 생각을 한 사람이 있었고, 종족에 따라서는 약한 사람들의 번식을 막거나 강한(매력적인) 사람은 강한 사람끼리, 약한(매력 없는) 사람은 약한 사람끼리 짝을 짓게 하는 경우도 있었다.

근대에 와서 우생학을 적극적으로 설파한 이는 영국의 프랜시스 골턴이다. 다윈이 자연선택을 중심으로 한 진화 이론을 발표하자 이 이론에 영감받은 그는 나름대로 이론을 정립하고 1883년에 자신이 연구한 내용을 우생학이라 이름 붙였다. 이미 오래전부터 비슷한 내용을 주장한 이들이 있었고 지금도 이 이론에 동의하는 이들이 있다.

우생학의 본산이라 할 수 있는 영국에서는 1907년 영국 우생학교육학회가 발족했고, 1921년에는 미국에서도 우생학학회가 설립됐다. 종교계 인사를 중심으로 다양한 분야에서 일하는 이들이 참여했다. 참여자들은 학술대회를 여러 차례 열었고, 프랑스와 독일 등 다른 나라에서도 점점 우생학을 지지하는 움직임이 번져갔다. 그 영향으로 특정 정신 질환자처럼 열성인자를 지닌 사람들에게 불임 처치를 하는 식으로 차별이 이루어졌다.

그러나 유전학이 발전하면서 현재는 인구 집단 간의 차이가 인구 집단 내에서 일어나는 개인별 차이보다 크다는 것이 진리로 받아들여지고 있다. 그럼에도 우생학을 주장하는 이들 중에는 인종차별주의자가 많았고, 이들은 집단 구성에 관계없이 집단 내 개인의 특성을 향상시키려는 경향이 있었다.

제2차세계대전 전에 독일에서 정권을 잡은 히틀러는 '특정 인종이나 민족이 다른 인종이나 민족보다 우수하므로 이들이 지구의 지배자가 되어야 한다'라고 주장함으로써 우생학을 신봉하는 모습을 보였다. 우생학에 대한 과학적 근거는 전혀 없었지만 우생학 신봉자는 수시로 등장했다. DNA가 이중나선 모양을 하고 있다는 사실을 발견하고, 인간 유전체 프로젝트의 서막을 연 왓슨도 '인종별로 유전석 차이가 있으며, 이러한 유전적 차이로 인해 각 인종의 능력은 서로 다르다'라는 주장을 한 적이 있을 정도였다. 이 발언이 보도되자 왓슨은 해명을 하기는 했지만 그가 유전자를 끌어와 인종차별에 가까운 발언을 한 것이 한두 번이 아니므로 진의가 의심된다.

제2차 세계대전 이후 지금까지 인권이 강화되면서 우생학을 지지하는 목소리가 그전보다는 약해졌지만 인공수정법이 개발되고, 태아의 유전자진단 기술이 발전하는 등 유전공학의 발전과 함께 우생학이 다시 등장했다. 사람의 성격이나 능력이 후천적 요인의 영향을 받지 않고, 대부분 유전자에 따라 결정된다는 믿음을 가진 사람들이 점점 늘어난 것이다.

우생학에 대한 관심의 증가는 영화와 소설 등에 좋은 소재를 제공했다. 유전공학의 발전은 과거에는 생각지 못한 새로운 방법으로 우생학을 현실에 등장시킬 가능성이 있다. 지금까지 우생학 정책이 비판을 받을 수밖에 없었던 것은 이를 옹호하는 사람들이 인권보다 특정 목적에 따라 판단하는 경우가 많았기 때문이다. 엉뚱한 생각을 하는 사람들이 엉뚱한 주장을 하지 않도록 발전하는 유전공학에 대해 윤리적 지식을 포함한 포괄적 지식을 습득할 필요가 있다.

유전정보의 양면성

2007년 2월 14일, 기업과 보험회사가 직원을 채용하거나 보험 계약을 할 때 가입자의 유전정보를 참고하지 못하도록 금지하는 법안이 미국 하원의 위원회를 통과함으로써 입법 전망이 밝아졌다는 소식이 전해졌다. 이때 미국 하원의 조지 밀러 위원장은 표결에 앞서 "유전정보가 차별적 목적으로 사용되는 것을 금지할 필요가 있다"라고 했다. 그리고 이 듬해에 이 내용을 담은 법안이 발휘됐다.

법안의 골자는 이렇다. 인간 유전체 프로젝트 이후 사람의 유전체 정보가 질병의 원인이 되는 유전자를 식별하는데 도움이 되고, 질병 치료를 위한 유전자치료법에 대한 희망을 높이고 있다. 그러나 특정 유전적변이가 질병의 소인을 드러내기는 하지만 반드시 질병을 발생시키는 것이 아님에도 고용주나 보험사가 민감하게 반응할 수 있는 만큼, 이를 막기 위해 유전적 소인을 이용한 차별과 보험 문제를 다루는 최초의 연방법을 제정한 것이다.

이게 무슨 뜻일까?

인간 유전체 프로젝트가 21세기의 시작과 더불어 완료되자 이를 경제적 이익에 활용하려는 회사가 등장할 가능성이 제기됐다. 왓슨이 이끄는 다국적팀에 맞서서 벤터가 생명공학 벤처회사에서 연구를 진행할 수 있었던 것도 특허 등을 이용해 경제적 이익을 얻기 위한 투자가 활발해졌기 때문이다.

한국도 사정은 비슷하다. 현 정부는 새로운 보건의료 정책으로 건강보험 긴축, 민영보험 활성화, 실손의료보험 간소화 등을 제시하곤 했다. 그럴 때마다 '우리나라 사람들의 유전정보가 외국 또는 사기업으로 유출되지 않을까'라는 의문이 제기되는 것은 유전정보를 이용해 이익을 추구하는 회사가 있기 때문이며, 이들을 통해 개인의 건강정보가 노출될 가능성이 커졌기 때문이다. 보험이라는 제도는 위험을 분산하고자 운영하는 것인데 보험회사의 이익을 위해 개인의 유전정보를 검사하는 것은 보험의 취지에도 맞지 않고, 공공의 이익과 부합하지도 않는다.

막 사회생활을 시작한 20대 직장인이 위암 발생과 관계 깊은 유전자를 지니고 있다고 가정해보자. 그 직장인은 이 유전자를 활성화하는 요인을 피하고, 또 위암 발생과 관련된 여러 위험 인자를 피함으로써 위암 발생을 억제할 수 있을 것이다. 결과적으로 유전정보가 예상치 못한 질병을 막을 수 있는 정보를 제공해준 셈이 된다. 그러나 보험회사에서 이와 같은 정보를 알게 된다면 그 직장인의 보험 가입을 막기 위해 노력할 것이다.

또 다혈질 성격을 보이는 유전자를 지닌 사람이 굳건한 마음가짐으로 조용한 성격을 유지하며 현재 사회생활을 잘하고 있다 해도 융화를 중요시하는 관리자라면 유전자 검사 결과를 바탕으로 이 사람의 채용을 거부할 수도 있을 것이다. 하지만 생명현상은 여러 기능이 종합적으로 이루어져 나타나는 것이므로 유전정보만으로 사람을 판단하는 일은 없어야 한다.

유전정보의 산업화는 이미 공공연하게 행해지고 있다. 미국 기업 23앤드미23andMe처럼 유전자 또는 DNA 분석에 의한 친생자 감별도 유전정보 활용의 한 예다. 그러나 유전정보는 오로지 정보일 뿐이다. 이 정보가 완전하다면 생명과학 기술 산업 종사자들은 할 일이 없어 밥줄이 끊기겠지만 그렇지 않은 것에서 볼 수 있듯 유전정보만으로 심오한 생명현상을 이해할 수는 없다.

유전정보는 알고 있으면 건강을 유지하는 데 도움을 받을 수는 있지만 이를 극단적으로 활용하면 더불어 잘 사는 사회를 만드는 것이 아니라 갈등을 부추길 뿐이다. 유전정보를 활용할 때는 현재의 개인정보보호정책 이상으로 세심한 주의를 기울여야 한다.

필자가 대학원에서 열심히 유전공학을 공부하고 있을 때 영화 〈쥬라기 공원〉이 처음 개봉했다. 하버드대학교 의과대학 출신이면서 의사 대신 작가의 인생을 살기로 한 원작자 마이클 크라이턴은 공룡을 되살리기 위해 공룡의 DNA를 이용했다. 나무에서 흘러나온 송진이 화석으로 변한 호박 안에 공룡의 피를 빤 모기가 들어 있었고, 그 모기의 피 속에 들어 있는 공룡의 DNA를 분리해 이를 토대로 공룡이라는 큰 개체를 되살렸다고 설정했다.

이런 방법으로 공룡을 복원하는 아이디어는 유전공학을 공부 중인 필자의 지적 호기심을 자극했다. 산성을 띠는 화학물질인 DNA는 오래 보존하는 것이 쉬운 일이 아닌데 화석 상태의 호박이라는 아이디어를 찾아낸 작가의 상상력이 감탄을 자아냈다. 영화에서 마주친 유전공학 기술은 실험실에서 연구를 할 때 유전공학의 활용도에 대해 더 깊이 생각하게 해주었다.

20세기 후반부터 지금까지 유전공학 지식과 기술의 발전 속도는 점점 빨라져가고 있다. 초기 DNA염기서열결정법은 해로운 방사성동위원소를 이용해 사람의 몸에 실험을 진행한 다음 X선용 필름에 새긴 검은 눈금을 맨눈으로 읽어야 했지만 이후 몸에 해롭지 않으면서도 민감도는 더 높은 물질을 이용해 자동으로 시행할 수 있게 됐다. 덕분에 훨씬 더 쉽게 크나큰 유전체를 분석할 수 있게 되면서 인간 유전체 프로젝트를 예정보다 빨리 끝낼 수 있었다.

전 세계적으로 엄청난 비용과 노력을 투입한 인간 유전체 프로젝트가 끝나면서 새로 얻은 정보와 지식도 많았지만 풀어야 할 의문도 많아졌다. 깊이 있는 학문의 세계는 새로 알게 되는 것만큼 의문도 생겨나는 일이 다반사다. 그래도 실타래 풀듯이 하나하나 답을 찾아가다 보면 언젠가는 막힌 길이 뻥 뚫리고 의학을 한층 발전시킬 만한 결과를 얻을 수 있을 것이다.

21세기가 시작된 이후 꽤 긴 시간이 흘렀다. 개인별 맞춤 의학이 가능해질 거라는 기대는 아직 충족되지 않고 있지만 분자생물학을 의학에 응용하는 분자의학 분야에서 줄기세포 응용, 유전자치료법 개발, 생명체 복제 기술의 발전, 크리스퍼 유전자가위 발견 등 굵직한 업적이 수시로 쏟아지고 있다.

그러는 가운데 학문의 융합도 전보다 원활히 이루어지고 있다. 생명공학과 정보 기술이 융합되면서 우리는 새로운 시대를 맞이하게 됐다. 디지털 헬스케어, 유비쿼터스 헬스, 원격진료, 3차원 프린팅 등 다양한 신조어가 우리 주변에서 점점 자주 쓰이는 것이 그 예다.

인간과 생명의 미래를 예견하기는 어렵다. 하지만 늘 그래왔듯 앞으로 수명은 더 늘어날 것이고, 늘어나는 수명만큼 건강수명도 함께 늘어날 것이다. 유전공학 기술을 이용한 새로운 진단 시약과 치료제가 등장할 것이고, 질병이 생기기 전에 미리 찾아내 예방하는 기술도 향상될 것이다.

모두가 꿈꾸는 지금보다 더 밝은 미래에서 유전공학 기술은 인류가 더 건강한 날을 보내는 일에 널리 이용될 것이다. 막연하게 다른 사람들이 유전공학을 발전시키기를 기대하지만 말고, 유전공학의 발전에 관심을 가지고 새로운 소식이 전해질 때마다 귀를 기울인다면 어딘가에서 예상치 못한 아이디어가 떠올라 유전공학의 발전을 한층 앞당길지도 모른다.

독자들이 유전공학을 이해하는 데 이 책이 조금이라도 도움이 됐기를 희망한다. 유전공학이 가져다줄 희망찬 미래를 함께 꿈꾸면서 자신이 할 수 있는 일은 무엇인지, 학문의 발전 과정을 얼마나 잘 이해하고 있는지 생각해보자. 모두가 유전공학을 이해하려고 노력하고, 멀리 있는 목표에 다가가기를 원하면 그 미래가 앞당겨질 것이다.

1장 유전공학은 어떻게 발전해왔을까?

2. 생명체의 유전을 담당하는 DNA

제임스 왓슨. 《이중나선》(개정판). 최돈찬 옮김. 궁리출판; 2019.

브렌다 매독스. 《로잘린드 프랭클린과 DNA》. 나도선 · 진우기 공역. 양문; 2004.

3. 유전자를 자르고 붙이는 유전자재조합 기술

제넨테크 홈페이지. www.gene.com

Berg P, Baltimore D, Brenner S, Roblin RO 3rd, Singer MF. Asilomar conference on recombinant DNA molecules. *Science*. 1975 Jun 6; 188(4192):991–4.

Hughes SS, Boyer HW. *Recombinant DNA Research at UCSF and Commercial Application at Genentech*. Andesite Press; 2015.

노벨 재단 홈페이지. nobelprize.org

이시다 도라오. 《우리도 도전하자 노벨상》. 박택규 옮김. 겸지사; 1996.

James LK. *Nobel Laureates in Chemistry, 1901~1992*(History of Modern Chemical Sciences). Chemical Heritage Foundation; 1993.

Krimsky S. *Genetic Alchemy: The Social History of the Recombinant DNA Controversy*. The MIT Press; 1984.

4. DNA 염기서열에서 생명체의 정보를 읽다

미우라 겐이치. 《노벨상의 발상》. 손영수 옮김. 전파과학사; 1986.

2장 지금 주목해야 할 유전공학 기술은 무엇일까?

1. 인간 유전체 프로젝트가 밝혀낸 생명의 빅데이터

Popovich DG, Jenkins DJ, Kendall CW, Dierenfeld ES, Carroll RW, Tariq N, Vidgen E. The western lowland gorilla diet has implications for the health of humans and other hominoids. *J Nutr*. 1997 Oct;127(10):2000-5.

2. 난치병을 치료하는 새로운 방법

Friedmann T, Roblin R. Gene therapy for human genetic disease? *Science*. 1972 Mar 3; 175(4025):949-55.

〈의학〉 유전자요법으로 파킨슨병 치료. 연합뉴스. 2007 4 17. https://n.news.naver.com/mnews/article/001/0001608264?sid=103

Moritz J. Ashanthi DeSilva's Story: A Look Back at the First Gene Therapy Trial. premier research. 2018 12 14. https://premier-research.com/blog-ashanthi-desilva-gene-therapy-trial/

3. 동물에서 인간으로? 복제 기술의 진화

Hans Spemann – Nobel Lecture. NobelPrize.org. 2024 Mar 5. https://www.nobelprize.org/prizes/medicine/1935/spemann/lecture/

4. 어떤 세포로도 분화할 수 있는 줄기세포

Granot N, Storb R. History of hematopoietic cell transplantation: challenges and progress. *Haematologica*. 2020 Dec 1; 105(12):2716–2729.

오귀환, 줄기세포로 근위축증 치료제 개발 '이엔셀', 코스닥 상장한다…예비심사 청구. 조선비즈. 2023 07 31. https://biz.chosun.com/stock/stock_general/2023/07/31/3RP4IJQPU5B5LGKCJEY7NNX3UM/

5. 모든 것을 바꿀 크리스퍼 유전자가위

Ishino Y, Shinagawa H, Makino K, Amemura M, Nakata A. Nucleotide sequence of the iap gene, responsible for alkaline phosphatase isozyme conversion in Escherichia coli, and identification of the gene product. *J Bacteriol*. 1987 Dec; 169(12):5429–33.

Jansen R, van Embden JDA, Gaastra W, Schouls LM. Identification of genes that are associated with DNA repeats in prokaryotes. *Mol Microbiol*. 2002 Mar; 43(6):1565–75.

Jinek M, Chylinski K, Fonfara I, Hauer M, Doudna JA, Charpentier E. A programmable dual–RNA–guided DNA endonuclease in adaptive bacterial immunity. *Science*. 2012 Aug 17; 337(6096):816–21.

Ledford H, Callaway E. Pioneers of revolutionary CRISPR gene editing win chemistry Nobel. *Nature*. 2020 Oct; 586(7829):346–347.

최준영, 줄기세포서 질병 DNA 싹둑… 희귀질환 정복 '꿈의 치료제' 현실로. 문화일보. 2024 1 3. https://www.munhwa.com/news/view.html?no=2024010301032307025001

3장 유전공학, 어떤 논쟁이 있을까?

2. '태어날' 권리인가, '낳을' 권리인가?

노벨 재단 홈페이지. nobelprize.org

3. GMO와 유전자 도핑

세계반도핑기구 홈페이지. wada-ama.org

4. 유전자만으로 설명할 수 없는 것들

Janse MJ, Wilde AA. Molecular mechanisms of arrhythmias. *Rev Port Cardiol*. 1998 Oct; 17 Suppl 2:II41-6.

London B, Michalec M, Mehdi H, Zhu X, Kerchner L, Sanyal S et al. Mutation in glycerol-3-phosphate dehydrogenase 1 like gene (GPD1-L) decreases cardiac Na+ current and causes inherited arrhythmias. *Circulation*. 2007 Nov 13; 116(20):2260-8.

Chan JL, Heist K, DePaoli AM, Veldhuis JD, Mantzoros CS. The role of falling leptin levels in the neuroendocrine and metabolic adaptation to short-term starvation in healthy men. *J Clin Invest*. 2003 May; 111(9):1409-21.

Tolle V, Bassant MH, Zizzari P, Poindessous-Jazat F, Tomasetto C, Epelbaum J, Bluet-Pajot MT. Ultradian rhythmicity of ghrelin secretion in relation with GH, feeding behavior, and sleep-wake patterns in rats. *Endocrinology*. 2002 Apr; 143(4):1353-61.

5. 나의 유전자에 점수가 매겨진다면?

Feitosa SF, Garrafa V, Cornelli G, Tardivo C, Carvalho SJ. Bioethics, culture and infanticide in Brazilian indigenous communities: the Zuruahá case. *Cad Saude Publica*. 2010 May; 26(5):853-65.

Amanda KS, Nancy LJ. Genetic Information: Legal Issues Relating to Discrimination and Privacy. Congressional Research Service; 2008. https://crsreports.congress.gov/product/pdf/RL/RL30006/11